AF542781

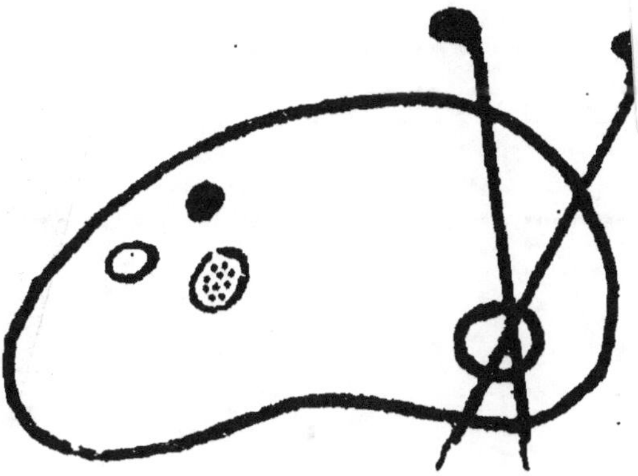

LE PORTE-FEUILLE
INCONCEVABLE,
OU
Matériaux pour notre ſageſſe & notre proſpérité futures :

PREMIERE LIVRAISON;

Contenant, comme début indiſpenſable,

MES TROIS OFFRANDES *PATRIOTIQUES,*

Accompagnées de l'expoſé d'une partie de mes motifs, pour les faire auſſi completes & auſſi étendues,

Et de quelques apperçus eſſentiels ſur l'état actuel des choſes.

Par M. DE ROSSI, Notable-Adjoint de Paris.

Ecrit, dont la lecture eſt très-néceſſaire au Public, comme préliminaire indiſpenſable de beaucoup de choſes de la plus haute importance, qui doivent être miſes inceſſamment ſous ſes yeux.

1790.

LISEZ TOUT, OU NE LISEZ RIEN.

Il est impossible de se former aucune idée juste du contenu de cet Ecrit, si on ne le lit d'un bout à l'autre.

MES TROIS OFFRANDES

PATRIOTIQUES,

Accompagnées de quelques apperçus essenciels sur l'état actuel des choses.

Les circonstances les plus cruelles, les plus barbares, apportent d'innombrables contrariétés au plus généreux dessein. Je suis obligé de faire, d'une maniere précipitée & avortée, ce que je comptois exécuter avec tous les justes & nobles accessoires qui lui conviennent. En vain, la plus étrange fatalité aura-t-elle été attachée à toute mon existence, & mes plus constants efforts pour la vaincre, se seront-ils toujours trouvés inutiles : en vain, sera-t-on parvenu à me réduire aux plus affreuses extrémités ; à bouleverser tout, dans ma fortune, dans mes affaires & dans ma situation ; on ne changera rien à mes principes & à mes résolutions : en vain, deux fois, sera-t-on parvenu à détruire tout ordre dans l'intérieur même de ma maison ; à renverser mes livres & mes papiers ; à jetter la plus affreuse confusion dans mes travaux les plus essentiels ; à suspendre, à anéantir l'exécution des choses auxquelles j'avois consacré ma vie entière ; à me placer, avec le cœur le plus déchiré, au milieu de deux êtres les plus sensibles, les plus intéressants, & dont le sort m'étoit plus cher que le mien, l'existence plus sacrée que la mienne : en vain, après avoir partagé tous les instants de ma vie entre ce qu'il y a de plus respectable & de plus utile sur la terre, la bienfaisance particulière & de continuels travaux pour la chose publique, m'aura-t-on fait connoître & sentir toute l'horreur d'une existence entiérement usée, *dans les chétives combinaisons qui ne tendent qu'à la conserver* : en vain, par cet horrible ressort & cette exécrable manœuvre, aura-t-on étouffé l'homme public & l'homme moral sous les angoisses journalieres & les rapports matériels de l'homme physique & de l'homme privé, mon ame restera la même, & ma volonté ne sera point ébranlée : en vain, m'aura-t-on fait remplir sans gloire, sans profit, sans célébrité, sans récompense, sans dédommagement d'aucune espece, les plus grands, les plus pénibles, les plus continuels devoirs du Citoyen le plus inviolablement dévoué aux premiers, aux universels intérêts de la Nation ; inaltérable dans mes principes, ferme dans mes desseins, aussi incapable d'être subjugué par toutes les horreurs de l'adversité, que dans d'autres temps par toutes les séductions de la fortune & de la vanité, je continuerai d'aller droit à mon but. C'est une dérivation nécessaire de ce plan indestructible, qui me fait persister dans la terrible résolution d'accabler, de toutes les especes de bienfaisance qui seront en mon pouvoir, ceux qui m'ont accablé de tous les maux qui ont dépendu d'eux.

Je veux donc faire trois grandes Offrandes patriotiques à la Nation. Ce dont il sera question ici, ne compose que la premiere. La pensée m'en est venue au premier Janvier dernier. J'en mis par écrit sur le champ la plus succincte expression. Différentes choses essentielles devoient marcher de front, & avoir lieu en même-temps. Ceux qui, depuis cet instant, pour quelques vils & chétifs intérêts, ou, sous quelques odieux & ridicules prétextes, m'ont mis de nouveau dans la douloureuse nécessité de consumer tous mes instants & toutes mes forces à des choses si différentes, comprendront bien aujourd'hui le vrai sens de beaucoup de mes paroles, & la profonde amertume qui a accompagné les tristes négociations qui ont eu lieu entr'eux & moi. Je n'en suis point encore délivré; ils sont encore là; je les vois, je les entends ; leur image m'épouvante & leur présence m'accable. L'impossibilité de donner aujourd'hui à mes idées, à mes sentiments, à mes dispositions, le développement qui leur sera nécessaire, continue donc d'exister toute entiere : cependant le terme fixé pour les déclarations s'avance. C'en seroit trop, en vérité, avec la généreuse pensée qui m'occupe de pouvoir être compté parmi les réfractaires, & rangé parmi ceux qui veulent rester nuls dans ce concours de besoins & de tributs volontaires. Je ne dirai donc que peu de mots en ce jour, & je me hâterai d'en venir au fait purement matériel.

Ma premiere Offrande patriotique sera composée de quatorze parties.

1°. Au lieu du quart demandé pour une époque des paiements qui nous sont dus, j'offre en Don patriotique la totalité de ma fortune, à la réserve d'une très-modique pension alimentaire dans un Couvent, ou dans un autre lieu à son choix, pour ma femme & ma fille, ou sans cette réserve, si le Roi & la Reine, quand ils connoîtront quels affreux malheurs ont été accumulés sur la tête de l'homme qui a peut-être le plus mérité de l'Etat & d'eux, sans jamais rien demander, sans jamais se montrer, veulent bien, sur leurs moyens directement personnels, leur donner quelques légers dédommagements, & leur procurer quelques médiocres moyens d'existence ; & ce, seulement, jusqu'à ce que par mes moyens personnels, si j'en conserve l'usage, & par l'emploi journalier de ce que je suis en état de faire méchaniquement & intellectuellement, je me sois mis à portée de pourvoir de nouveau par moi-même à leur entretien. J'ai donc dit, pour article premier, la totalité de ma fortune ; fortune très-bornée, mais avec laquelle aujourd'hui, revenu de tout & dégoûté de tout, je vivrois très-bien en Province, ou dans une retraite philosophique, ou dans un Royaume plus paisible ; fortune qui est pour moi, ce que sont cent millions au propriétaire de cent millions ; fortune que j'abandonne en totalité à la Nation, jusqu'à ce que les affaires publiques soient rétablies ; & pour toujours, si elles ne se rétablissent jamais. Avec ces clauses seulement, que quant aux deux premiers paiements qui seront faits à tout le monde, je me bornerai à donner le double de la taxe universelle, c'est-à-dire, deux douziemes à chaque paiement, &, dès le troisieme paiement, j'abandonnerai la totalité. Il y a trop long-temps que nous sommes dans la détresse pour pouvoir, dès à présent, se passer complétement du tout. Je n'articulerai pas quel en est le montant : qu'il suffise de la déclaration que je fais, qu'il eſt beaucoup au-deſſus de la ſomme immédiatement au-deſſus de laquelle le quart eſt dû. Mon Receveur & ſa femme, qui exercent en commun les fonctions relatives à cet objet, & qui ſont deux des perſonnes les plus eſtimables de France, ſe conformeront très-littéralement à ma volonté, d'après l'expoſé que j'en fais ici. Je leur en donnerai d'ailleurs une ſignification particuliere; je dirai leur nom à qui on me déſignera ou à qui il appartiendra, & je me conformerai au ſurplus, pour les détails & l'exécution de mes diſpoſitions, à tout ce qu'il plaira au Roi & à l'Aſſemblée Nationale de m'ordonner.

2°. Outre l'objet dont eſt queſtion ci-deſſus, & dont mondit Receveur fera l'emploi que je viens de preſcrire, j'en poſſede un qui feroit dans le cas d'échapper à toutes les déclarations & à toutes les recherches; il eſt fort petit, mais il eſt encore ſupérieur à la ſomme au-deſſus de laquelle la déclaration eſt exigée. A commencer de l'année prochaine, j'en ferai le même uſage que du précédent, ſi la poſition de ma femme & de ma fille leur permettent alors de ſe paſſer de ce petit ſecours que je ne réſerverai que pour elles.

3°. Divers objets qu'on pourra mettre en valeur, & faire rentrer promptement, en nommant un Procureur national *ad hoc*, qui exercera très-légitimement des droits inconteſtables que j'ai négligés ; je donnerai tous les détails néceſſaires, & remettrai les titres, &c. dont on aura beſoin, à ceux qui ſeront ſpécialement chargés à cet effet. Un de ces objets pourra rendre plus de trente mille francs, & un autre environ cent mille (*a*).

4°. Des matériaux immenſes ſur toutes les parties de la Politique, de la Morale, de la Légiſlation, de l'Éducation publique & particuliere, qui contiennent, j'oſe le dire, une multitude de choſes de premiere importance pour la France, pour l'Europe, pour le genre humain.

On verra ci-deſſous, article 13, quel uſage doublement profitable, & profitable ſous divers rapports, on pourra faire de ces matériaux, ſoit concurremment avec moi, ſi la poſſibilité m'en reſte, ſoit ſans moi.

5°. Un grand nombre de méthodes que je crois utiles & ingénieuſes pour mettre facilement en exécution pour l'héritier du Trône & pour la Nation (*b*), les plus ſages principes

---

(*a*) Voyez note *, parmi celles de la fin.

(*b*) Je démontrois, dans un travail fait ſur ces objets il y a ſix ans, qu'il faut abſolument que ces deux éducations marchent de front & parallélement. Tout ne prouve

d'éducation morale, politique, littéraire & vraiment nationale.

6o. Un assez grand nombre de moyens (qui m'ont paru très-efficaces) de restauration publique en tout genre, même fiscale, lesquels, à la vérité, eussent été beaucoup plus surement & plus promptement utiles, il y a dix-huit mois, qu'aujourd'hui; mais qui pourroient l'être encore, si les moyens humains conservent quelque pouvoir (a), cependant avec des modifications, rectifications & additions. Au surplus, je vois tous les jours que ce qui ne s'exécute pas, ce qui ne peut pas s'exécuter, ce qu'on ne veut pas exécuter, s'imprime & se vend. Le prix de la vente a toujours quelque utilité : le pis-aller seroit de se borner à celle-là.

7o. Une Bibliothéque d'environ douze mille livres, valeur matérielle, mais d'une valeur fort supérieure par le choix & la composition;

---

que trop aujourd'hui combien j'avois triplement raison. Je communiquai alors quelques-unes de mes idées à cet égard, à l'homme de l'Europe le plus capable, peut-être, de m'entendre, un des hommes du monde les plus estimables & le plus digne de diriger, comme il le fait, l'éducation du Prince le plus aimable & le mieux élevé, auprès duquel il passe sa vie entiere.

(a) Et ce n'est pas ma faute, comme on verra, s'ils n'ont pas été employés, ou connus plutôt, & même depuis fort long-temps.

Bibliotheque principalement relative aux objets mentionnés ci-dessus, & qui pourroit être transportée & déposée sur le champ dans un local destiné à quelque objet d'utilité publique, ou chez un Ministre, ou dans un lieu d'expectative indiqué & procuré par le Ministre, ou par quelqu'autre personne de considération. Je ne demande que la permission d'en faire usage tant qu'elle me sera nécessaire.

Dans tous les cas, ce transport, ainsi que celui des objets suivants, seroit indispensable : diverses circonstances, & par-dessus tout, mon action présente, me mettant hors d'état de conserver un logement propre à contenir des effets qui demandent beaucoup d'emplacement (a).

8°. Beaucoup de Manuscrits relatifs aux objets susdits, lesquels seroient également déposés dans le même lieu que la Bibliotheque.

9°. Une Bibliotheque de Musique fort intéressante, laquelle pourroit être déposée dans le même local, pour y être employée à cette partie de l'éducation, ou pour former le premier fonds d'une Bibliotheque de Musique publique, dont je donnerois le plan & ferois connoître les avantages, si on continue, comme il le paroît, à attacher quelque prix à la conservation & à la perfection de cet Art, & si on veut parvenir

(a) Voyez note (7) à la fin.

quelque jour aux connoissances, aux procédés & aux institutions politico-physiques qui peuvent lui donner une influence sérieusement essentielle & salutaire.

10°. Quelques instruments excellents auxquels on pourroit donner la même destination.

11°. L'abandon fait à la généralité de mes Concitoyens, de mes droits de concurrence aux emplois, places, fonctions, honneurs, récompenses, dignités militaires, civiles, judiciaires, littéraires ou ministérielles quelconques, par ma renonciation absolue, non-seulement à tous les objets ci-dessus, mais même à ma liberté & à mes droits d'homme, auxquels je n'attache plus aucun prix; ne demandant rien autre chose qu'une Bibliotheque pour prison, la faculté d'y servir jusqu'à mon dernier soupir, ou jusqu'à la derniere heure de mon séjour en France, l'humanité, ma Patrie & mon Roi, sans aucune récompense, sans aucune reconnoissance de leur part. Mon ame & ma pensée me resteront; rien ne peut les asservir, rien ne peut les dégrader; elles me suffisent, elles sont mon univers.

12°. Une dispense pour mes vingt-cinq millions de Concitoyens François, d'attacher aucun prix à cette résolution de ma part, ou de me savoir aucun gré de cette conduite, de ces dons & de ces abandons; car je n'ai point du tout le charlatanisme patriotique; car je suis dégouté de toutes les gloires, & revenu de toutes les ambitions; car je n'ai point le moindre atôme de vertu de plus en 1790 qu'en 85 ou 75; car sous les dehors les plus sereins & les plus riants, toujours témoin, toujours observateur, ou toujours victime de toutes les especes d'oppressions, de corruptions, d'injustices, d'immoralités, de noirceurs, de bassesses & d'impostures, l'ame remplie d'amertume, d'indignation, d'horreur & d'accablement, j'avois été conduit à prendre toutes ces résolutions dès l'année 1786 (a) (b); car ma vie entiere s'est passée en sacrifices, en travaux, en pénibles démarches, en fatigantes & douloureuses tentatives pour le bonheur public & privé de mes semblables, pour la conservation & le recouvrement de leurs droits justes & possibles, pour la réunion des intérêts de l'Etat & de la Nation, alors si ridiculement, si pitoyablement séparés (c); enfin pour notre plus dif-

(a) Beaucoup de mes amis, & quarante personnes de ma connoissance, m'ont entendu dire : « Hélas ! je ne demande » que d'avoir le temps de renoncer à tout, & je n'ai pas » même le triste bonheur de pouvoir trouver ce temps ».

(b) Ma renonciation particuliere dans mon Assemblée primaire, a déjà été faite authentiquement le 25 Avril dernier, & j'en ai pris Acte.

(c) Voyez à la fin, note (1).

ficile régénération, celle de nos secrets sentiments & de nos secrettes pensées; & si la révolution avoit apporté quelque changement à mon zele à cet égard, ce seroit plutôt une diminution qu'une augmentation.

13°. Une partie du produit net qui résultera de l'impression & de la vente successives de tous mes Ecrits, dont pendant dix ans le quart sera versé dans le Trésor national, & les trois autres quarts resteront à ma femme & à ma fille; ensuite, pendant les cinq années suivantes, un sixieme appartiendra encore à la caisse de l'Etat, & les cinq autres sixiemes à ma fille & à ma femme; & enfin, au bout de ces quinze années révolues, ma femme & ma fille, selon la situation de fortune dans laquelle elles seront alors, seront maîtresses, moi vivant ou mort, de rentrer dans la propriété totale de tout ce qui dépendra de cet article 13, ou de continuer en leur propre intention l'offrande patriotique d'une partie quelconque de ce produit net; le tout sous la condition très-expresse que dans tout ceci, je ne me mêlerai absolument que du travail, de la composition, de la partie intellectuelle; mais nullement de la partie méchanique & matérielle, pas même de recevoir l'argent: à l'effet de quoi il sera pris les mesures & les arrangements nécessaires, lorsqu'on aura eu lieu de s'assurer que ces matériaux sont énormes, qu'ils contiennent beaucoup de choses d'un genre absolument inconnu, & que par leur importance, leur piquant, leur utilité, leur intérêt, quelquefois leur singularité, le produit peut en être considérable.

14°. Et enfin (si les objets précédents n'avoient pas l'emploi & l'effet que je propose), le don patriotique d'un autre objet très-essentiel dont je donnerois une note séparée, ne pouvant pas en parler ici, & duquel on tireroit tout de suite de l'argent comptant en numéraire effectif.

OBSERVATIONS ESSENTIELLES.

Il pourra se trouver des gens qui soient étrangement étonnés & déconcertés de mon dessein & de son exécution ; il pourra s'en trouver même qui se croiront en droit de m'en blâmer ; je leur répondrai :

1°. Que ceux qui ont réellement de la géométrie dans les idées & de la logique dans le raisonnement, sauront parfaitement que dans la position où je me mets & où je veux être parmi nous, cette désapprobation ou ce blâme doivent m'être complétement indifférents ; car l'insulte est à la propriété morale, ce que le vol est à la propriété physique ; & selon la profonde & excellente maxime du sage Locke, *il ne sauroit y avoir d'injure où il n'y a point de propriété.* Or, me dépouillant de tout, & renonçant à tout, je me remets précisément dans cet état primitif, où l'homme ne connoissant aucune différence entre lui & son semblable, n'exigeoit & n'attendoit de qui que ce soit une considération qu'il ne marquoit lui-même à personne (*a*). Ne conservant aucune espece de propriété, on ne peut donc plus me faire aucune espece d'injure.

2°. Que j'ai à dire, à faire connoître, à publier des choses si extraordinaires, si essentielles, si importantes, si éloignées des actuelles passions publiques en tout genre, & en même-temps si vraies, si entourées de preuves, si utiles pour les autres, & si honorables pour moi sous tous les rapports, qu'il faut absolument pour que j'aie une parfaite liberté à cet égard, pour que je sois entiérement à mon aise, pour que je ne sois retenu, ni gêné par aucune considération, que je me sois retiré de toute ligne; que je sois sorti de tout cercle; que je me sois totalement détaché de tout; que j'aie complétement renoncé à tout en tous genres; que je n'aie plus rien à prétendre, rien à espérer, rien à desirer, rien à craindre, &

(*a*) Jean-Jacques Rousseau, Discours sur l'origine de l'inégalité, &c.

qu'enfin

qu'enfin il ne reſte pas au monde un ſeul bien qu'on puiſſe me faire, ni un ſeul mal que je ne me ſois fait, ou que je n'aie demandé moi-même.

Or, pour l'entier accompliſſement de ce deſſein, je ne veux plus tenir par rien à la vie ni à la ſociété. Mes amis, ſi on a encore des amis, ſavent par combien de ſenſibilité, d'affection, d'empreſſement, de douceur, de complaiſance, de bienfaiſance attentive, délicate & généreuſe, j'ai payé un éternel tribut à ces principes délicieux du cœur humain, qu'il eſt ſi doux d'éprouver, ſi doux de ſuivre, & avec leſquels il ſeroit ſi doux qu'aucune circonſtance n'empêchât jamais de mourir. Ils me retrouveront encore le même juſqu'à mon dernier ſoupir (*a*) : mais je dois, avant tout, ce grand ſacrifice à la choſe publique, l'offrande ſans réſerve de tout ce que je puis pour elle, & la recherche des moyens les plus ingénieux & les plus prompts pour parvenir, ſans obſtacle, au paiement de ce tribut, à la conſommation de ce ſacrifice.

Je veux pouvoir dire tout ce qui eſt bon, & ne redouter aucun méchant; tout ce qui eſt vrai, tout ce qui eſt juſte, tout ce qui eſt utile, & n'appréhender aucun menteur éloquent, aucun ſot effronté, aucun frénétique trompeur ou trompé, aucun

(*a*) Voyez note ***, à la fin.

impudent vicieux, aucun fourbe déguisé, aucun présomptueux en délire; je veux pouvoir dire tout ce qui blesse les passions funestes à l'ordre & au bonheur publics, & braver l'orgueil, l'opiniâtreté, l'ignorance, l'hypocrisie de tous ceux qui leur obéissent aveuglément ; que ces passions soient nouvelles ou qu'elles soient anciennes, je les hais également, si elles nuisent également à la véritable félicité générale, aux intérêts réels & durables de l'Empire & de l'humanité; si j'en suis convaincu, c'est à moi de le démontrer. Je veux pouvoir attaquer Charybde comme Scilla; je ne sais point faire acception de précipices. L'Etna m'effraie autant que le Vésuve, & seul, placé en attitude de résistance sur le chemin qui y conduit, comme Horatius Coclès, s'il le falloit, je soutiendrois seul les efforts de la foule innombrable qui, pour fuir l'un, vient se jetter dans l'autre.

Je veux pouvoir compter pour rien ma propre fortune, mon propre intérêt, ma propre gloire, & même ma propre liberté, pourvu que je puisse travailler sans relâche à celle de mes semblables; mais je veux aussi avec toute la fierté d'un caractere qui ne s'est jamais démenti, & avec toute la confiance d'un observateur, qui, depuis vingt-cinq ans, la balance à la main, cherche l'équilibre entre le mal & le bien de la civilisation, le vrai produit net, le dernier résultat utile des plus profondes questions de la politique & les grandes fins de l'art social; je veux avec cette fermeté, cette franchise & cette confiance, pouvoir avancer & établir comment le mot *liberté* n'est point pour moi un mot vuide de sens, un être de raison, une chimere impossible à réaliser, une étourdissante & flagorneuse illusion. Je veux pouvoir développer comment il est une réalité, une douce & aimable réalité. Or, pour que dans l'*Etat social* la liberté, le respect mutuel de l'égalité naturelle & primitive, & le juste exercice des droits de l'homme, soient, non pas une ridicule & dangereuse chimere, mais une douce & aimable réalité; il faut que cette liberté ait des limites bien connues & bien posées; il faut qu'elle soit établie sur sa véritable base, totalement ignorée ou totalement passée sous silence jusqu'à ce jour; cette base est la dignité de l'homme, la dignité intellectuelle & sentimentale de l'homme; la connoissance & la vraie théorie de l'être moral humain. Il faut ensuite que cette liberté soit accompagnée, secondée, & appuyée par ce qui peut uniquement lui servir de soutien & poser ses inébranlables fondements: PROPRIÉTÉ, ou moins de disproportion dans les PROPRIÉTÉS; ou, du moins;

adroits & ingénieux, établissements qui suppléent à cette PROPRIÉTÉ, qui masquent & déguisent la trop grande disproportion des propriétés, ou enfin une classification, une hiérarchie, une division, ... qui circonscrive les idées, qui dirige les sentiments, ou qui force à une adoption de statuts fidélement suivis, ou à des devoirs rigoureusement observés (*a*).

Peut-être ne sera-ce pas en vain que j'aurai consacré ma vie entiere à l'étude & à la méditation des matieres législatives. Peut-être ne sera-ce pas en vain que mon ame aura été éprouvée par tous les poignards de l'injustice & de l'adversité (*b*). Peut-être ne sera-ce pas en vain que, pour persister dans mon dévouement à la chose publique, dans la négligence de tous mes intérêts, & dans la vie laborieuse & retirée qu'il falloit mener pour acquérir les connoissances & les principes nécessaires, j'aurai eu constamment tout à souffrir, tout à combattre, & les personnes, & les choses; & les opinions, & les circonstances; & les avis, & les reproches; & les injustices, & les injures; & les persécutions, & les désastres. Si tant de maux, tant de sacrifices & tant de travaux m'ont rendu

---

(*a*) Voyez note ****, à la fin.

(*b*) Voyez note (2), à la fin.

plus propre aux circonſtances actuelles, & ont environné mon ame de cette triple enceinte d'airain ſi précieuſe dans l'homme juſte qui la conſacre à l'utilité de ſes ſemblables, je ſaurai peut-être avoir le courage de me féliciter d'une ſi horrible, d'une ſi accablante deſtinée. Mais je n'en ſerois que d'autant plus réſolu, peut-être, d'autant plus obligé, à l'abnégation la plus entiere, au dépouillement le plus abſolu, à la renonciation la plus complete; je n'en ſerois que d'autant plus déterminé à offrir, à donner avec profuſion tous les fruits de l'arbre, ſous la ſeule condition de le mutiler, de le brûler, de le maudire, même, ſi l'on veut, dès qu'on aura exprimé la derniere goutte de ſon ſuc; je ſuis préparé & ſoumis à tous les genres de délires & de preſtiges, ainſi qu'à toutes les eſpeces d'injuſtices & de cruautés.

3°. Que je ſupplie de ſuſpendre tout jugement à cet égard, juſqu'à ce qu'on connoiſſe la totalité de mes trois Offrandes Patriotiques, & même les dix ou douze premieres productions courtes & détachées que je dois donner au Public inceſſamment (*a*). Ce ne ſera qu'alors qu'on pourra bien ſaiſir l'enſemble des intentions qui m'ont dicté cette conduite; ce ne ſera qu'alors

(*a*) Voyez note (3), à la fin.

qu'on sera un peu à portée de juger quel est l'inconcevable dévouement à la chose publique qui m'a déterminé, & comment j'ai dû être mené à ce dernier terme d'exaltation politique & morale par une continuité de pensées, toutes & toujours dirigées depuis que je respire, uniquement vers la restauration & la prospérité générales ; par un profond sentiment de ce qu'il falloit faire, un terrible apperçu de tout ce qui a été fait & de tout ce qui est arrivé & qui pouvoit ne point arriver, ce que j'ai lieu de croire plus que personne ; puis encore par une prodigieuse habitude d'observer les causes, de calculer les résultats & de prévoir les effets ; par un examen réfléchi de notre actuelle situation politique, & de notre actuelle situation morale ; par un rapprochement de l'accord, ou de l'opposition qui est entre ces deux situations, une combinaison froidement méditée de ce qui doit naître de cette opposition ou de cet accord, & un ardent desir de voir faire, sans aucun retard, tout ce qui est humainement exécutable pour arriver au plus grand bien, ou au moindre mal possible : dévouement, exaltation, sentiment, examen, apperçu, rapprochement, desir, réunis & combinés avec la plus déchirante douleur, avec le plus profond ressentiment, avec la plus terrible indignation, des innombrables injustices, vexations, oppressions, & ingratitudes publiques & particulieres, que je n'ai pas cessé un seul instant de recevoir & d'éprouver parmi vous ; déplorable effet de beaucoup de causes que la révolution n'a nullement détruites ; de beaucoup de causes qui ont seulement acquis, peut-être, en superficie, ce qu'elles ont perdu en volume ; de beaucoup de causes enfin qui avoient plus d'intensité, & étoient plus concentrées sous le despotisme de quelques-uns, & qui sont aujourd'hui plus répandues, plus disséminées, plus divisées. Or, cette douleur, ce ressentiment, cette indignation, au lieu de rien perdre de leur force, en acquierent tous les jours davantage. Car, *je suis homme, & rien d'humain ne m'est étranger.* Mais ces sentiments, empreints (tout justes qu'ils sont,) de beaucoup de foiblesse humaine, se rencontrant dans une ame qui n'est si irritée, que, précisément, parce qu'elle est toute de feu pour la justice, la vérité, la raison & le bien public, & qu'elle n'a jamais rendu hommage sur la terre à d'autres dignités qu'au mérite & à la vertu ; ils ne lui inspirent, en dernier résultat, que la plus généreuse, la plus noble des vengeances.

4°. Que pour rassurer ceux qui demanderoient comment je ferai donc pour vivre, j'articulerai, que si on exécute ce à quoi je me soumets par l'Article II (*a*), ils ne doivent point avoir cette inquiétude, & que je serai à l'abri de tout besoin. Mais si on ne l'exécute point, si on ne veut point absolument l'exécuter, quoique j'y sois très-sincérement déterminé, ce sera pour moi l'occasion d'exprimer une des parties les plus intéressantes de ma proposition, & de mettre en œuvre une des parties les plus louables & les plus utiles de ma résolution.

Il me restera, Messieurs, ce qui resta au Roi de Macédoine, qui devint Greffier à Rome, & au Roi de Syracuse, qui fut Maître d'Ecole à Corinthe.

J'ai passé ma vie à acquérir des connoissances & des talents; j'ai tout abandonné, tout négligé, tout refusé pour m'occuper sans cesse & uniquement, de ce qui importe le plus aux hommes & aux Empires; de ce que l'esprit a de plus vrai; de ce que l'ame a de plus élevé; de ce que la raison a de plus utile; de ce que les Lettres ont de plus solide, & de ce que les Arts ont de plus touchant. J'ai prodigieusement médité sur les moyens d'instituer & de perfectionner toutes les parties de l'éducation morale & physique, générale & particuliere.

(*a*) Voyez ci-devant page 8.

J'ai inventé des méthodes dans presque toutes les choses dont je me suis occupé, des méthodes propres à en abréger infiniment l'étude & les travaux, méthodes qui me sont devenues nécessaires à moi-même, attendu que sans elles je n'aurois pas pu suffire au trop grand nombre de choses que j'avois embrassées. Je n'ai jamais fait de tous ces moyens aucun usage profitable sous les rapports de fortune & d'intérêt. Eh bien ! ce sera une belle occasion de m'en servir. Mes Concitoyens, sans doute, si la France reprend quelque prospérité, me donneront quelque profitable occasion de les employer ; & si elle ne reprend point de prospérité, l'Europe me restera, le Roi, quelque Ministre, quelques personnes d'une haute considération m'honoreront bien du moins de quelque recommandation. Je ne requiers point que mon action actuelle devienne une raison d'indulgence & de préférence ; que celui qui, après vérification & expérience, trouvera que je lui suis plus utile, me préfere ; cela me suffit.

Mais ce n'est rien d'avoir conçu ce généreux dessein & de l'exécuter ; il faut encore qu'il serve d'exemple, & que cet exemple soit suivi. C'est-là la pensée cachée de mon action, pensée la plus chere à mon cœur ; je suis forcé de la révéler, parce qu'elle tirera du développement que je dois lui donner, toute la force qu'elle pourra avoir sur les esprits.

Beaucoup de personnes, en France, d'une grande naissance ou d'une grande fortune, ont acquis des connoissances précieuses ou des talents distingués. Ce sont elles souvent à qui ils ont le moins coûté. Dans le régime précédent, des intervalles immenses nous séparoient tous les uns des autres. Maintenant, en un seul instant, on nous a tous mis sur une même ligne. Plus ce grand rapprochement subit est difficile, plus il faut ménager des conciliations intermédiaires, plus il faut tâcher d'établir des points de contact. Si les choses restent telles qu'elles sont, l'exécution n'en sera certainement facilitée que par des abandons réciproques, des abandons bien réfléchis & bien volontaires. Il faudra que chacun cede un peu de terrein, & ceux qui en ont trop pris & ceux qui en avoient trop gardé; les plus utiles de ces abandons seront, sans contredit, les plus généreux, les plus spontanés. Mais ce n'est rien que d'offrir de l'argent & de renoncer à des droits, si l'on continue à se tenir roide dans son rang, & à ne pas vouloir sortir de sa classe (*a*). Le trésor public a sans doute besoin de sacrifices

(*a*) Voyez note (4), à la fin.

pécuniaires ; mais ce ſont des ſacrifices moraux qu'il faut à l'ordre public, au bonheur public, à la Conſtitution décrétée ; ce ſont des ſacrifices moraux qu'il eût fallu à toute Conſtitution quelconque, dès-lors qu'elle eût été ſage & vraiment politique. Il faut former des liens en ſupprimant des diſtances ; il faut remplir les milieux, pour que le ſuperflu nuiſible & l'excès dangereux ne ſoient point toujours aux extrémités. Il faut deſcendre avec franchiſe, ſe répandre fraternellement au milieu de ſes Concitoyens ; il faut que l'inflexibilité du vieil orgueil plie, & que la ruſticité de l'orgueil nouveau ſe poliſſe ; il faut que toutes les parties angulaires de l'arrogance réciproque ſoient émouſſées par le frottement ; il faut vouloir avec fermeté le bénéfice certain de ce frottement ſalutaire & de ce rapprochement indiſpenſable ; & cette volonté ſeule produira d'avance une grande partie de l'effet deſiré. Au lieu de ſe reculer & de ſe concentrer, il faut s'avancer & s'épancher ; au lieu de ſe craindre & de ſe fuir, il faut vouloir s'aimer, ſe réunir ; le François flatté eſt le plus doux des humains ; le François humilié eſt un animal terrible. La vanité eſt le vrai mal national. Ne rendez donc pas mutuellement vos maladies incurables. Au lieu de déguiſer ſon cœur & de cacher ſes mains, il faut découvrir l'un & tendre les autres. Les uns les tendent pour qu'on descende ; mais si vous vous y prêtez avec bienveillance, ils vous soutiendront avec amitié, & ne vous laisseront pas descendre trop bas. Tendez-les-leur également pour monter, je crois qu'ils s'arrêteront d'eux-mêmes. D'ailleurs si vous n'avez aucune valeur personnelle en aucun genre, rendez-vous justice : Que pouvez-vous ? Que prétendez-vous ? Que vous doit-on ? Mais si vous avez une valeur personnelle effective, vous devez voir & juger les choses avec justesse ; votre opinion doit avoir la raison pour boussole ; vos principes doivent se réunir à ceux du bonheur public ; vos droits dans ce cas sont inséparables de vos espérances. Au surplus, fiez-vous à la loi de nécessité & à l'équilibre universel. Il a lieu dans l'ordre politique & moral comme dans l'ordre physique. Chaque corps cherche son centre de gravité. Par une lente oscillation, l'Empire cherchera sa base & la trouvera. Les Loix universelles invariables ont un ascendant indestructible. La volonté générale bien & duement générale, est incontestablement le premier pouvoir politique ; mais quand ce que tous veulent ne se peut pas, tous ont beau le vouloir, il ne subsiste pas. Lorsque ce que tous veulent se peut & conduit aux plus salutaires résultats, il subfiſte ; & ce ſeroit grande folie que de s'y op- poſer : principes & expérience, voilà la pierre de touche qui en décidera. Mais cette pierre de touche eſt un fruit de ſageſſe ; il s'en faut bien qu'elle ne puiſſe jamais être un dérivé de paſſions. Gardons-nous donc bien d'apporter des paſſions, de triſtes & fatales paſſions dans cette affaire. C'eſt le moyen de la rendre inex- tricable & interminable ; c'eſt le moyen de prolonger le conflit, l'oppoſition, le déſordre ; c'eſt le moyen de ne jamais ſortir de confuſion ; c'eſt le moyen de rendre mauvaiſe la cauſe de tout le monde, & de donner raiſon à ceux même, peut-être, qui auroient tort. C'eſt le moyen de laiſſer continuellement la queſtion dans les honneurs du problême non réſolu. C'eſt le moyen, au milieu même des effets les plus funeſtes, d'environner les principes d'un nuage ſacré. Car du ſein même de ces effets funeſtes, chacun pourroit s'écrier que tout iroit bien, ſi tous avoient concouru. Con- courons donc tous & mettons-nous parfaitement en état de juger cette grande affaire ſans paſ- ſions & ſans prévention. Or, parmi les moyens de concourir qui ſeront tous bons lorſqu'ils ſeront tous ſinceres, celui que je propoſe ici, & dont je deſire de donner l'exemple, eſt certainement un des plus efficaces. Quel meilleur moyen en effet, de *descendre avec franchise, & de se répandre fraternellement au milieu de ses Concitoyens* (*a*), que de partager leurs besoins & leurs moyens de les satisfaire, de n'avoir comme eux, du moins pendant quelque temps, que des lumieres, des vertus & des talents pour vivre ? car ce n'est que dans cette classe que je propose de se ranger. Eh ! sera-ce descendre, que de s'associer à cette espece d'hommes? .... Suivi par d'autres, cet exemple sera infiniment plus profitable à la chose publique. Je n'ai point l'honneur d'être Pair de France ni millionnaire, ni Officier-Général, mais j'étois dans le cas de suivre d'autres principes, & de me servir de ce qui m'appartient (*b*). Mille raisons, d'ailleurs, ont concouru à m'en donner la pensée. Ceux qui auront de plus grands sacrifices à faire, auront bien plus de mérite, & seront bien plus utiles ; jamais à mon gré ils n'auront été si dignes d'envie.

Quel avantage ne résultera-t-il point de leur action réellement noble & patriotique ; pour cette véritable & desirable fraternité, qu'il seroit si doux d'obtenir ; pour ce vrai principe d'égalité morale, ou de *rapprochement d'éga-*

(*a*) Voyez ci-dessus, page 27.

(*b*) Voyez note (5), à la fin.

lité possible qu'on voudroit établir ? Quels fruits n'en retireroit-on pas pour détruire la fatale opposition qui subsiste entre notre situation morale & notre situation politique ? Quels fruits n'en retireroit-on pas pour ouvrir solemnellement les portes du Commerce, de l'Industrie, des Arts, & de toutes les professions utiles à tant de Citoyens qui en ont le plus grand besoin ? à tant de Citoyens, que de barbares préjugés continueroient, peut-être, à en tenir éloignés ? Combien cela contribueroit à reporter dans ces arts, dans ce commerce, dans cette industrie, la vie, la chaleur, la prospérité, dont l'extinction est pour le corps politique une mortelle agonie ; & dans les Sciences, dans les Lettres, dans les talents, la grandeur qu'ils répandent toujours sur la Nation qui les honore ?

Quoi qu'il en soit de notre situation actuelle, relativement à ces importants objets ; quelque justes que soient à cet égard les regrets & les larmes des penseurs judicieux qui ont arrêté leurs regards sur ces matieres ; larmes & regrets que j'ai partagé & répandu avec eux, je garantis à ceux qui auront le courage de suivre mon exemple, d'adopter mes principes & de suivre mes conseils ; je leur garantis que cette restauration peut avoir lieu, & qu'après notre civique expoliation, nous trouverons, par nos seuls moyens personnels, de quoi vivre & de quoi faire honorablement nos affaires, si la France veut exécuter les choses que j'aurai l'honneur de lui proposer. Après mes trois Offrandes Patriotiques & les Ecrits qui doivent les accompagner & les suivre immédiatement, elle en aura déjà une suffisante idée (a).

Si j'ai à me défendre de ceux qui, habitués à chercher toujours, en tout, des raisons de blâmer, en voudroient trouver jusques dans cet abandon patriotique, je n'ai pas moins à me défendre de ceux qui y trouveroient de trop grands motifs de louanges. C'est ici où j'invoquerai le secours & le témoignage de mes amis; je les prie de m'aider à diminuer le prix d'une action qui auroit beaucoup plus de mérite pour tout autre que pour moi. Ayant passé ma vie entiere dans une succession de pénibles sacrifices, j'y suis très-habitué. J'ai toujours mis mon souverain bonheur à faire tout pour les autres, & jamais rien pour moi. La lecture de l'Esprit d'Helvétius, que j'ai eu le malheur de faire à mon entrée dans le monde, m'a donné une telle

(a) C'est une raison de plus pour moi, & une raison majeure, de réclamer les ordres, les secours & les moyens nécessaires pour la très-prompte impression & publication dont je parle à l'avant-dernier paragraphe de cet écrit.

haine

haine pour l'égoïsme & pour la foule innombrable de ceux qui en suivent les détestables maximes, que ces maximes, fussent-elles vraies, je n'en ressemblerois pas moins sur ce point à la femme noyée de la Fontaine, que le pouvoir de l'esprit de contradiction fait remonter contre le fil de l'eau. Je suis même arrivé à cet égard à une extrémité si opposée, qu'elle est sans doute vicieuse, & je suis prêt à la reconnoître comme telle. Je m'arrêterois des années entieres, sans quitter la place, avec ceux qui me feroient parler de matieres relatives aux grands intérêts & aux grandes fins de l'homme & des Empires; & je ne puis écouter un seul quart-d'heure, sans la plus désolante impatience, ceux qui veulent me parler de mes affaires personnelles. Je permets à cet égard à ma femme, à mes domestiques, à mes créanciers, à mes amis, de m'accuser sans ménagement, & de donner un libre essor au mécontentement, que par cette maniere d'être je leur ai souvent donné. Presque jamais il ne m'a été possible de refuser dix louis à un homme estimable, lorsque j'en avois seulement douze; &, quelquefois, n'en ayant que deux, je n'ai pas réussi à les garder. Les moindres obstacles, les moindres difficultés, les moindres prieres, arrêtent mes plus justes demandes dans mes plus pressants besoins; & pendant qu'on me tourmente ſans relâche pour un écu, il m'eſt impoſſible de tourmenter qui que ce ſoit, même pour dix mille francs. Mes regards & mes idées ſe ſont tellement habitués à ſe porter ſans ceſſe, & uniquement, vers les plus hautes & les plus utiles vérités morales, politiques, métaphyſiques & légiſlatives, que toutes les autres choſes de ce monde ne me paroiſſent que de mépriſables pauvretés. Il en réſulte en moi une maniere d'être, d'agir & de parler, qui me rend incompréhenſible, pour la plupart de ceux avec leſquels j'ai quelques intérêts matériels à démêler, & qui me font paſſer, je n'en doute pas, pour une énigme biſarre, vis-à-vis de tous les hommes dont la logique de Barême, l'art de conſerver & d'attirer l'eſpece ſonnante, & le talent de faire ce qu'on appelle, par excellence, des affaires, forment tout le ſouci, tout le travail & tout le mérite. En outre, je ne ſais jamais refuſer obſtinément que ce que je n'ai point, & j'oublie avec une incroyable facilité le mal qu'on m'a fait ou voulu faire; de ſorte qu'en ſe donnant le temps d'attendre, & en terminant avec moi par quelques manieres douces & polies, on finit toujours par me faire donner ou me faire ſupporter tout ce qu'on veut, quoiqu'on ait multiplié ſans ménagement, dans l'intervalle, ou les perſécutions, ou les injustices, ou les frais, ou les vexations. Or, on comprendra facilement qu'avec un semblable caractère & une telle maniere de penser & d'agir, il faudroit absolument que j'eusse cinq cents mille livres de rente, le plus vertueux des hommes pour intendant, la famille & les alentours les plus sages, les plus entendus, les plus rangés, les plus délicats, les plus affectionnés à ma personne, les plus attentifs à la conservation de tout ce qui m'appartient, ou que je n'aie rien du tout. Ce dernier moyen est incontestablement le plus facile ; pouvois-je trouver une plus belle occasion d'en faire usage (*a*) ?

Loin donc qu'on soit dans le cas de me savoir un grand gré & de me faire un grand mérite de cet abandon patriotique, il faut le considérer

(*a*) O vous! de Mars, Monneron & Brienne, Saralettes, Boutin, Chabanel aussi, vous, qui parmi tant de gens qui me croyoient heureux, ou qui n'ont connu que ma bienfaisante sensibilité, avez été instruits de mes peines, & avez peut-être rendu quelque service à la chose publique en m'empêchant d'y succomber, tels légers que vous aient paru les secours que vous m'avez apportés, ils seront à jamais, ainsi que vos noms, gravés dans mon ame ; & je ne laisserai point échapper cette occasion de vous rendre un public hommage. Un instant de bon cœur est pour moi un siecle de mérite.

uniquement comme une prudente résolution prise pour mon repos, pour ma tranquillité; comme le seul sage parti à prendre, peut-être, pour que je puisse enfin parvenir à être constamment & invariablement moi-même; remplir sans trouble & sans obstacles les objets importants auxquels je me suis voué tout entier; accomplir ma destinée; rester tel que la nature m'a fait, & apporter à mes semblables toute l'utilité que le Ciel paroît m'avoir ordonné de leur apporter.

Le sacrifice que j'ai fait à la chose publique au moment de la formation des Etats-Généraux, m'a été bien plus cruellement pénible, & est en tout sens, à mes yeux, bien supérieur à celui-ci. Il est encore ignoré, mais les preuves en existent, & il sera connu. Ma longue fidélité à ce secret, secret que je me suis imposé moi-même, n'est pas la partie la moins douloureuse de ce sacrifice.

Mes amis particuliers, ceux par qui je suis véritablement connu, & j'en ai de tels en cet instant dans beaucoup de contrées de l'Europe & dans plusieurs parties du monde, pourront rendre cet hommage à la vérité, qu'ils ne trouveront rien dans mon action actuelle qui ne soit parfaitement conforme à tout ce qu'ils connoissent de moi, & qui n'en soit comme une suite naturelle & nécessaire. Je les ai priés ci-dessus de m'aider à faire comprendre que j'ai très-peu de mérite à faire un sacrifice que tant de raisons m'engagent à faire, & ils connoissent comme moi une partie des raisons que je viens d'en alléguer. Mais aussi juste, aussi ami de la vérité, lorsqu'elle m'est avantageuse, que lorsqu'elle m'est contraire, je ne les prie pas moins d'attester que les sentiments, les principes & les résolutions qu'ils m'ont vu dans tous les temps de ma vie, ont une complette analogie à tout ce que je dis, à tout ce que je fais à cette époque (*a*).

J'en prie également le corps, la société, l'assemblée d'hommes la plus respectable qu'il y ait eu en Europe, qui est, sans contredit, la Société Philantropique, dont j'ai dû, dont j'ai été prié d'avoir l'honneur d'être un des fondateurs à Paris (7). Elle en a les moyens; elle possede depuis quatre ans des matériaux propres à remplir cet objet; une des grandes époques auxquelles j'avois l'honneur de lui dire qu'elle pourroit ouvrir les paquets que j'ai déposés dans son sein, est arrivée; elle peut donc ouvrir ces paquets. Je devois, pour qu'on fît cette ouverture, envoyer un papier contenant des mots

(*a*) Voyez note ***, à la fin.

convenus qui devoient servir de signal, eh bien les voici;

« On peut ouvrir les paquets ayant pour » épigraphe : *aut Patria, virtus, felicitasque* » *Publica, aut nihil* ».

Mille circonstances barbares s'étant opposées à l'exécution de ce que je devois avoir fait avant d'envoyer ce signal indiqué, je ne l'envoie qu'aujourd'hui; mais l'événement lui a ménagé un à propos assez favorable.

Je l'enverrai donc doublement, & par le papier particulier, ainsi qu'il fut dit, & par l'écrit public que le lecteur a maintenant sous les yeux. La très-respectable Assemblée Philantropique fera l'ouverture de ces paquets, elle en prendra communication, & ensuite, soit par un simple récit succint, soit par une complete communication de la totalité, soit, ce qui sera beaucoup mieux, par la communication de la partie seulement, la plus relative à la chose publique & à celles de mes dispositions testamentaires & autres, qui concernent directement l'intérêt général, on fera connoître à la Nation l'esprit essentiel de ces papiers déposés, il y a quatre ans, dans le sein de cette respectable Société. J'arrangerai, de concert avec ceux des honorables Membres qu'on jugera à propos, les suppressions qui pourront être faites des choses dépendantes d'affaires personnelles, ou qui ne sont d'aucun intérêt pour le public.

On verra par la communication de ces écrits faits & déposés en Janvier 1786, une preuve puissante & incontestable que mes dispositions ont toujours été semblables, ainsi que mes principes, mes sentiments & ma conduite, & qu'il y a plus de quinze ans que je suis en 1789; vérité qui sera également confirmée & démontrée tant par mes ouvrages imprimés en 1775, 1777, 1780, & dérobés au public, que par tous les écrits & matériaux annoncés & offerts ci-dessus par les articles IV, V, VI & XIII.

J'ose espérer qu'il ne m'arrivera pas à l'égard de l'Ecrit actuel, de la part de l'auguste Assemblée Nationale, ce qui m'est déjà arrivé de sa part à l'occasion des écrits que j'ai eu l'honneur de lui faire parvenir peu de jours après l'ouverture des Etats-Généraux, & d'un autre que j'ai eu l'avantage de lui adresser au commencement de Décembre 1789, relativement à l'organisation de la Municipalité de Paris, & de toutes les Assemblées primaires; écrits au sujet desquels il ne m'est pas parvenu un seul mot, & dont je n'ai jamais sutendu parler ; effets trop ſemblables à ceux du régime paſſé, pour qu'on puiſſe craindre qu'ils aient long-temps lieu dans le nouveau.

Je ſupplie très-inſtamment le Roi, la Famille Royale & tous les Membres du pouvoir exécutif, de ne point ſe croire étrangers à mon action, & à toutes les penſées qui me l'ont inſpirée. Un Etat, un Empire n'eſt point pour moi une choſe briſée & compoſée de pieces de rapports ; il eſt un, il compoſe un enſemble complet & indiviſible. La Nation en eſt la partie morale & intellectuelle, comme le territoire en eſt la partie matérielle & phyſique. Le Roi eſt le protecteur, le conſervateur invariable & néceſſaire de cette partie matérielle, & l'interprete perpétuel, le premier Repréſentant, le Chef ſuprême, le Préſident né de cette partie morale. Que la Nation diviſe ou ſubdiviſe plus ou moins les pouvoirs qu'elle a délégués ; qu'elle en connoiſſe, en apprécie, en calcule, en approfondiſſe, en preſcrive plus ou moins l'étendue, il eſt toujours le principal délégué, le chaînon immuable & éternel auquel tous les autres chaînons amovibles & temporels doivent ſe réunir ; le point central auquel toutes les parties de la circonférence doivent aboutir. Il eſt tel par l'antique volonté & pour l'inviolable intérêt de cette Nation, qui ne pouvoit pas vouloir autrement, en décidant que son gouvernement seroit monarchique ; car ces résultats, ces modes politiques sont les émanations nécessaires de l'essence de la Monarchie, comme les rayons sont les émanations nécessaires de l'essence du cercle. Lorsque dans l'Empire il existe d'autres Représentants, le Roi n'est plus que co-Représentant ; mais comme il ne peut pas perdre sa qualité de premier & de perpétuel, il est toujours premier & perpétuel Représentant ; & il reste toujours premier & perpétuel co-Représentant. Tous les ressorts, tous les instruments du pouvoir exécutif ne sont autre chose que les bras & les mains de ce perpétuel conservateur. Or donc, je ne puis rien faire, je n'entends rien faire pour la Nation que je ne le fasse nécessairement pour le Roi, pour tout ce qui lui appartient, & pour tout ce qui dépend de lui immédiatement. Aussi verra-t-il que par un effet de l'invariabilité de mes principes & de l'ancienneté de l'époque où ces principes ont pris naissance dans mon esprit, & ont jeté leurs racines dans mon cœur, personne n'a, peut-être, jamais plus constamment rempli, en tout & de tout temps, la double fonction de Citoyen le plus dévoué à la chose publique, & de Sujet le plus fidele & le plus affectionné. Ce n'eſt point une aſſertion fondée ſur de vains propos ou ſur de vagues prétentions, ſemblables à celles qui préſentent aujourd'hui, dans un certain ordre de gens, ſept cents perſonnes qui toutes ſont entrées *les premieres* à la Baſtille ; dans un certain autre ordre de gens, deux mille Citoyens qui avoient, ſi on veut les croire, prévu, prédit & annoncé la révolution ; dans un troiſieme ordre de gens, quatre mille individus qui avoient penſé, conſeillé, dicté tous les articles de la Conſtitution ; & dans un quatrieme ordre de gens, dix mille importants qui avoient, diſent-ils, fait les plus grands efforts pour conjurer l'orage ; qui cent fois ont averti toutes les Puiſſances ; qui ont conſumé leur zele & leurs talents à prévenir cette exploſion ; & qui, *depuis mille ans*, ont indiqué tous les moyens de détourner cette tempête. Cette aſſertion, je le répete, ne reſſemble nullement à ces puériles prétentions, à ces jactances tardives, à ces maſcarades patriotiques & à ces vains diſcours des pitoyables inventeurs de ce qui eſt tout inventé ; comparables en tout au mépriſable faux brave de la fable. Mon aſſertion eſt fondée au contraire ſur des preuves évidentes, des preuves matérielles, inconteſtables ; ſur des monuments bien antérieurs aux aſſemblées de Notables, &

à tous les événements qui les ont amenés; sur des monuments qui subsistent en divers lieux depuis beaucoup d'années, & entre les mains de plusieurs personnes & de plusieurs Corps recommandables; entre les mains du Roi lui-même; enfin sur des monuments qui seront de notoriété publique, dès que je les aurai indiqués & désignés.

Aussi après l'exposition de mes trois Offrandes Patriotiques, je mettrai en dépôt dans un lieu où il sera facile d'en aller prendre communication, toutes les pieces explicatives & justificatives, relatives à tout ce que j'aurai pu dire ou avancer de plus frappant ou de plus extraordinaire; ainsi que l'indication de celles que je garderai pardevers moi, mais que, de propre mouvement, je m'obligerai de produire à la premiere requisition notable.

J'y déposerai aussi une note indicative de mes dispositions relatives à quelques débiteurs, & à quelques créanciers, dont je concilie les intérêts particuliers avec l'objet public que je remplis en ce lieu.

Pour tout ce qui précede, si je me permettois de demander quelque grace au Roi, à la Nation, à l'Assemblée Nationale, ce seroit uniquement celle qu'il fût donné ordre à Messieurs les Imprimeurs Pierres, Baudouin, le mien, qu'il est bien juste d'associer à cet avantage, & autres peut-être encore, ainsi qu'à l'Imprimerie Royale, d'imprimer sans délai & avec la plus grande célérité, tous les objets que j'ai à donner sur-le-champ au Public, & dont, conformément à mon article 13, le quart du produit net est destiné à être aussitôt versé dans la caisse nationale, pour y faire partie de mes Offrandes Patriotiques. Et ce seroit encore (comme une suite & une dépendance naturelle de cette premiere demande) que M. le Garde-des-Sceaux soit chargé d'avoir la bonté de me fournir les copistes dont j'ai indispensablement besoin.

Cette promptitude dans les moyens nécessaires pour la plus prochaine impression & publication des premiers objets dont je parle, seroit d'autant plus importante, qu'une des premieres choses qu'on y trouvera, sera la facile maniere de donner, par des ressorts moraux & politiques, fort aisés à mettre en mouvement, une solidité effective, une efficacité permanente, à ce que sembloit se proposer la pompeuse & éclatante cérémonie de la Fédération générale.

Sans aucune Fédération, ce que je propoſerai atteindroit parfaitement à ce grand effet d'utilité publique. La Fédération, toute ſeule, n'eût pu le remplir aucunement. A la vérité, mes moyens ſont pris où il faudroit les prendre tous; dans l'eſſence indeſtructible des choſes; dans les principes invariables de la nature & de la ſociabilité; dans la ſage combinaiſon de l'indiviſible mêlange des vertus, des paſſions & des foibleſſes; dans le caractere de l'homme en général, & dans le caractere national en particulier; dans la morale profondément ſentie, & non dans la morale froidement calculée; dans la démonſtration de la droiture & de la bonté originelle du cœur humain, & non dans les ſophiſtiques hypotheſes de ſon injuſtice & de ſa méchanceté; dans la conſolante & lucide hiſtoire de l'intelligence, & non dans le conte ténébreux & révoltant de la matiere; dans la philoſophie politique, & non dans la politique philoſophique; dans l'expoſé profond, dans le ſaint deſir, dans la circonſpecte indication du moindre mal poſſible, & non dans l'abſurde eſpérance, dans le chimérique projet, dans l'audacieux roman du mieux par excellence; mieux par excellence qu'on oſe vouloir établir ſur une légiſlation méchanique, dépouillée de tout reſſort intellectuel, dépourvue de toute baſe morale.

Au ſurplus, dans tous les cas & dans toutes les hypotheſes, celle même d'une proſpérité générale de la monarchie, proſpérité parvenue, dès demain, à tel point, que depuis Clovis on n'ait point mémoire d'en avoir vu une ſemblable en France; ce qui, par les plus ſimples principes de l'équité, par la juſte nature des choſes, & par la lettre & l'eſprit de l'article premier, ci-deſſus, annulleroit entiérement mon Offrande Patriotique; je continue & continuerai d'offrir & de donner en tribut civique volontaire, pour trois années, le quart qu'on m'a demandé pour une, payables chaque ſemeſtre par deux douziemes; ce dont, à l'inſtant même, j'envoie la ſignification à mon Receveur, ainſi que celle de ma donation totale exprimée ci-devant, article premier, pour qu'il ait à s'y conformer, s'il y a lieu, & à en faire le verſement dans la caiſſe nationale, conſéquemment aux diſpoſitions du ſuſdit article premier.

NOTES.

(1) MA vive ardeur pour une réforme & une régénération universelle; mes attaques multipliées contre l'ancienne constitution; mes inébranlables raisonnements sur la nécessité d'en faire une nouvelle, m'ont assurément attiré assez de haines, assez de ridicules, assez de désagréments; & mes efforts pour la réunion des intérêts de la Nation & de l'Etat, tant dans le fait & dans le droit, que dans l'opinion, ont été assez vigoureusement prononcés dans mon Ouvrage de 1775, *sur les principes politiques de mon siecle, & sur la nécessité indispensable d'une morale politique & d'une réforme universelle;* chacun peut s'en assurer facilement. Ceux qui ne pourront pas se procurer cet ouvrage, en trouveront quelques indications essentielles dans l'écrit que je viens de donner tout à l'heure, intitulé : *sur les dispositions Morales & Politiques qu'il faut nous presser d'avoir; Adresse aux Assemblées Electorales de France;* & des citations importantes dans mes *motifs de détermination pour les classes privilégiées*, & autres ouvrages que j'ai donnés au commencement de 1789.

(2) Voici comme je m'exprimois page 12 du premier de mes Ouvrages, mentionnés dans la note précédente, celui donné en 1775.

« . . . . . C'est ainsi, que les sages isolés, ... s'ils viennent à découvrir ce qui a produit la méprise de leurs prédécesseurs; s'ils viennent à envisager les objets par les rapports nouveaux & différents qui pouvoient les mettre dans la véritable route; s'ils apperçoivent l'illusion dangereuse de leurs contemporains, l'abandon funeste de la vérité, les conséquences fatales du respect prodigué au fantôme qu'on lui a substitué, les voies insidieuses & séduisantes qui ont dû très-naturellement occasionner cette méprise chez des gens remplis de lumieres & d'honnêteté ; S'ILS VEULENT ENFIN percer cette enceinte IMPÉNÉTRABLE, & s'expliquer au pied du Sanctuaire, ne sont ni compris, ni écoutés ; & basoués, repoussés, ridiculisés dès leur approche, par un parti trop supérieur par le nombre, pour n'être pas persuadé qu'il l'est aussi par la raison ; on les accuse, on les déchire, on les poursuit ; ils se tiennent trop heureux de rentrer dans le silence & la retraite, d'où le zele les a fait sortir un instant, & le monde chante, VICTOIRE ; & CONTINUE D'ALLER COMME IL ALLOIT ».

☞ Année 1775. « Sans me mettre au nombre de ces sages, je vais, s'il le faut, par ces prémices de mes efforts, M'ASSOCIER A LEUR DESTINÉE, afin que la lime aiguë de l'adversité, de l'injustice & de la persécution, me déchirant par de nouveaux traits, fortifie encore les ressorts de mon ame, & me rende digne un jour d'être ASSOCIÉ A LEURS VERTUS ».

« L'apperçu des objets principaux de la politique, & surtout de la morale politique, sous des rapports fort différents de ceux auxquels mon siecle se plaît à s'arrêter, le desir de les faire entrevoir à ma Nation, d'en jetter les premieres semences dans son esprit, & de mettre mes Contemporains sur les voies, pour qu'ils puissent considérer eux-mêmes les choses sous de nouvelles faces ; voilà quels ont été mes instigateurs ; voilà les motifs qui m'ont détourné quelques moments de ma route principale, pour donner ce foible avant-coureur de mes travaux. (*Année* 1775) ».

Considérations sur les principes politiques de mon siecle, & sur la nécessité indispensable d'une Morale Politique ; par M. DE ROSSI ; in-8°. *Londres, imprimé par* Grant, Bridges Street, *pag.* 12, &c.

Le

Le morceau entier d'où ce passage est tiré, fort curieux alors, est encore plus curieux à présent. Je n'ai pas le temps d'en rapporter la totalité ; mais je déposerai un exemplaire de l'ouvrage dans le même lieu où j'ai annoncé, page 24, paragraphe second, que je déposerois tant d'autres choses essentielles. Il y a dans la totalité de l'ouvrage, vingt autres morceaux plus intéressants, plus piquants encore ; j'en indiquerai une partie.

(3) Pour rassurer dès-à-présent, sur ce que peuvent contenir ces écrits, les Citoyens les plus sages, les plus timides, les plus prudents, ainsi que les plus défiants ; je les préviens que parmi ceux que je donnerai les premiers, j'en insérerai un, ayant pour titre : *s'il faut écrire ; ce qu'il faut écrire ; si un homme de qualité doit écrire.* Chapitre d'un très-grand ouvrage ; chapitre fait il y a neuf ans, & qui formoit le cinquante-cinquieme article d'un travail essentiel où je l'avois inséré, & qui devoit paroître au commencement de 1789 ; écrit dans lequel les trois questions indiquées par le titre, sont traitées sous plusieurs aspects ; les aspects les plus essentiels d'utilité publique, réelle, éternelle, inviolable, invariable. & l'aspect relatif à un préjugé fort enraciné ci-devant, & qui l'est encore chez les hommes (bien réellement) injustes, absurdes & impardonnables partisans des anciens abus & des anciennes sottises. Après avoir vu cet écrit, on connoîtra parfaitement mes maximes & ma profession de foi, sur la communication des idées, sur la publicité des écrits.

En remplissant cet objet, un autre encore se trouvera rempli ; car on en pourra tirer quelque fruit pour les plus sages principes à établir sur la liberté de la Presse, considérée sous des rapports, non pas philosophiques, mais vraiment politiques, vraiment législatifs. Matiere bien importante, sur laquelle on trouvera également beaucoup de vues, de vérités & de considérations essentielles dans les premiers matériaux que j'offre de publier sans délai. Si on veut joindre à cela sur le champ la lecture de mon Ouvrage *sur les Principes Politiques de mon siecle*, donné en 1775; celui *sur l'état actuel de l'Esprit humain*, donné en 1780, &c. on aura bientôt jugé universellement, je crois, & sous toutes les faces, tel systême qu'on ait adopté, & de tel parti qu'on soit, qu'on peut avoir toujours tout à espérer, & jamais rien à craindre des hommes qui professent de semblables principes, & que ce n'est assurément point par eux que l'Art de l'Imprimerie deviendra jamais nuisible & redoutable.

Pour en donner en ce lieu même une prompte & facile idée à ceux qui ne voudroient point se donner ces petits soins, rechercher ces ouvrages passés, & prendre la peine de les lire, je joindrai ici l'extrait de la Lettre que j'eus l'honneur d'envoyer au Parlement, à la Chambre des Comptes, à la Cour des Aides, au Grand-Conseil, en même-temps que mon Ouvrage *sur les Principes Politiques de mon siecle*, lors de ma premiere apparition sur l'horison politique & littéraire, en 1775; apparition que nul Astronome n'a constatée, ni honorée de ses observations; que plusieurs dépositaires de puissance se sont empressés d'effacer, & dont jusqu'à ce jour, nul distributeur de réputation n'a daigné faire mention.

Cet ouvrage avoit été précédemment remis ou envoyé par moi à plusieurs Ministres & au Roi. Il n'a été ni dénoncé, ni accusé, ni prohibé, ni condamné; il a été anéanti; magiquement anéanti. Mais il en subsiste assez d'exemplaires pour constater son existence & la date de sa naissance. Il en subsiste assez pour pouvoir être livré à la sévérité de tous les partis, & pour porter pour ou contre moi dans l'objet dont est ici question, ET EN TOUT, le témoignage que je réclame. Mon premier *Manifeste à la Nation*, & mon *Représentant du premier Ordre, ou Ordre universel*, dans sa totalité, & sur-tout Article XV, Article XXXVI, &c., auroient encore fait connoître d'une maniere bien sensible, bien touchante, peut-être, combien on a lieu d'être rassuré sur tout ce que je livrerai à l'impression. Un funeste effet ou des tyrannies obscures, ou des trahisons perfides, ou du malheur incompréhensible, ou de l'obsession affreuse, ou de la fatalité barbare, dont la continuité prolongée m'a poussé à ces sentiments extrêmes, desquels mes trois Offrandes Patriotiques donneront des preuves si sensibles, si remarquables, a retenu ces objets dans la nullité, dans la captivité, pendant que les horreurs les plus licencieuses, les plus atroces, les plus funestes, les plus condamnables, ont été multipliées jusqu'au dégoût, & propagées avec une effrayante facilité. Mais la Providence qui, en me laissant accabler, se plaît à me ménager la conservation de tous mes droits, & la possibilité de leur donner une manifestation authentique & facile, a remis entre mes mains, & a laissé subsister tout ce qu'il faut pour donner, encore sur ces derniers objets, les preuves les plus convainquantes. Au surplus, mes Offrandes Patriotiques me mettront assurément au-dessus de toutes les justifications, & me dispenseront de toutes preuves quelconques.

Extrait que je viens d'annoncer ci-dessus, ou principaux passages des Lettres écrites aux Ministres, au Parlement, au Conseil, &c. en leur envoyant ledit Ouvrage (a), après d'autres Lettres écrites, & des papiers communiqués au Roi & aux Ministres, en 1776.

« L'Ouvrage ci-joint, concernant les matieres les plus » graves, les plus importantes & les plus utiles, peut mé- » riter par ce côté d'être présenté au Corps respectable, » qui, par sa nature & sa constitution, ne peut s'occuper » que d'objets de ce genre. — Plutôt profond qu'appro- » fondi, cet écrit se propose moins de tout dire, que de beau- » coup faire penser. Les lecteurs qui sauront y entendre tout » ce que l'Auteur n'y a point expliqué, auront en cela pres- » qu'autant de mérite qu'il peut en avoir fallu pour le faire. » Voulant réveiller des idées, & non pas assoupir par de » trop longs développements, on le donne plutôt dans l'in- » tention de sonder le terrein, que dans la prétention de » construire un édifice, & dans le dessein de prendre langue, » que dans la persuasion d'avoir tout dit. — Cet hommage » qui ne paroîtra que juste à ceux qui le recevront, peut » être cher à celui qui le rend, & il est tel pour moi. » — On ne doit attacher aucune importance à cette dé- » marche de ma part, je n'ai d'autre objet que de suivre » les regles d'un devoir que je m'impose. — Tout écrit » d'un Citoyen vertueux, fait uniquement dans la vue de » la plus grande utilité publique, devroit être présenté de » droit aux premieres personnes & aux premiers Corps de » l'Etat, par leurs droits, par leur rang, par leurs digni-

(a) Considérations sur les Principes politiques de mon siecle, & sur la nécessité indispensable d'une morale politique & d'une réforme universelle; par M. *de Rossi*; in-8o. Londres, imprimé par *Grant Bridges Street*, 1775.

» tés, par leurs fonctions, par leur mérite, sans qu'il » y eût à cela aucune récompense, ni aucune célébrité at- » tachées. Celles de ces productions qui seroient unanime- » ment reconnues pour bonnes & utiles, seroient déclarées » dignes d'êtres reçues, & on les destineroit à former la » bibliotheque particuliere du Souverain, la bibliotheque » des Ministres, celle du Parlement, celle du Conseil, celle » des Académies, &c. &c. Ce seroit le tribut du génie » offert par la vertu à la juste puissance, ou au mérite cou- » ronné. Dépouillé dans cette occasion-ci des qualités qui » devroient particuliérement le caractériser, il pourra n'être » recommandable que par la pureté de ses intentions; mais » il indiquera du moins quels doivent être les attributs né- » cessaires de ces productions, & à quels titres elles pourront » obtenir de l'équité, ce que je n'obtiendrois que de l'indul- » gence. — J'espere que tout ce qui naîtra de mon travail » sera dans le cas d'être également présenté; ainsi je puis » m'engager dès-à-présent à remplir ce devoir dans les autres » occasions. Mais pour donner à cet hommage toute sa va- » leur, il faut le rendre digne de ceux à qui il est offert, » en recevant d'eux-mêmes les lumieres & les conseils qui » peuvent m'être nécessaires. — Le Soldat doit son bras à » l'Etat, & l'homme qui médite lui doit sa tête; mais ce- » lui-ci peut s'abuser dans l'usage qu'il en feroit. Il doit exa- » miner parmi les diverses manieres de l'employer utile- » ment, s'il n'en est point où il se trouveroit de l'alliage, » & où le danger seroit à côté du bien. Il doit choisir celle » par laquelle il peut se rendre plus constamment, plus » véritablement utile, quand même elle lui fourniroit moins » d'occasions de donner essor à son génie, de montrer toute » l'étendue de ses vues, toute la supériorité de ses lumieres, » quand même, en un mot, elle seroit moins favorable à » sa gloire; c'est-à-dire, à cette fausse gloire que les hom- » mes se sont accoutumés à accorder à l'esprit plutôt qu'à

» la vertu, aux qualités brillantes, plutôt qu'aux qualités » utiles. — Partant donc de ce point, si l'on trouvoit dans » l'ouvrage actuel quelque chose de répréhensible, si on » y trouvoit quelqu'article qui correspondît peu au prin» cipe indestructible que je me suis imposé de ne jamais » rien enseigner; de ne jamais rien dire aux hommes qui » puisse porter atteinte à la vertu, à l'ordre & au bonheur » public; & à la loi que je me suis faite de sacrifier, non» seulement ma vie, mais ma gloire même, s'il le falloit; » à l'amour du bien & à l'utilité générale; il m'importe» roit d'en être instruit, & je prie qu'on me le dise après » l'avoir jugé avec toute la sévérité, non pas littéraire, » mais législative, me soumettant d'avance à toute juste » réprimande que je pourrois recevoir à cet égard ».

(4) Qu'on ne se hâte point de préjuger mes principes, & de décider d'après quelques phrases, dans quel parti on doit me ranger. Qu'on se ressouvienne que dans la troisieme division de mes Observations, j'ai compté parmi les principaux sentiments qui m'animent, *un ardent desir de voir faire, sans aucun retard, tout ce qui est humainement exécutable pour arriver promptement au plus grand bien ou au moindre mal possible.* Très-sincérement & très-passionnément dévoué à l'ordre général, au bonheur public, & accablé d'une vie passée toute entiere à en apprendre, à en méditer les vrais principes, je ne demande pas de quelle classe je suis; je cherche quels hommes sont de la mienne. D'ailleurs, pour remplir mon objet, il faut que j'obtienne la confiance de toutes les classes. C'est encore une des causes puissantes qui m'ont déterminé à la complete renonciation à tout ce qui pourroit être présumé susceptible d'influencer mon opinion.

(5) Pour augmenter l'efficacité de ce que je dis en ce lieu, & donner plus d'extension à ce que j'annonce, page 24 de cet écrit, paragraphe second, je déposerai

chez les mêmes Officiers publics où j'ai promis de déposer, après l'exposition de mes trois Offrandes Patriotiques, toutes les pieces, explicatives ou justificatives relatives à ce que j'aurai pu dire ou avancer de plus frappant ou de plus extraordinaire ; j'y déposerai aussi, dis-je, ce qui sera nécessaire pour prouver que depuis la plus misérable de toutes les causes de vanité jusqu'aux plus justes raisons & aux plus nobles droits à l'estime de soi-même, en faisant même une totale distraction de mes vingt-cinq ans de travaux & de sacrifices, j'avois de quoi partager toutes les sottises de mon siecle, & rivaliser avec toutes les prétentions de mes Contemporains. J'avois même depuis quelques années mis un peu plus de soin à quelques rassemblements nécessaires à cet égard, pour donner plus de poids à des principes utiles & à des opinions énergiques par leur opposition avec mon propre intérêt ; & pour faire en cela ce qui a lieu relativement à l'honneur des femmes, qui, a-t-on dit, semble n'avoir été imaginé que pour être sacrifié.

(*) On voudra bien, seulement, à l'égard du dernier, qui est susceptible de discussions & de difficultés, & dont les propriétaires débiteurs actuels méritent de très-justes ménagements, user de la même réserve & de la même délicatesse que je m'étois imposée à moi-même. Succédant à mes droits, je me flatte qu'on voudra bien aussi succéder à mes sentiments & à mes procédés. Je m'expliquerai sur cela quand il en sera temps, avec qui il appartiendra.

(**) Ce ne sont point à mes yeux des pieces d'éloquence ni des chefs-d'œuvre d'esprit, ce n'est point comme tels, ce n'est point sous cet aspect que je les prise ; ce sont de ces choses qui ne sont dues qu'à un concours de circonstances & de méditations incroyables ; ce sont des combinaisons, des apperçus, des rapprochements extraordinaires; des analyses morales, des calculs d'idées & de faits; l'homme, le cœur humain, les principes & les résultats de sa sociabilité & de sa perfectibilité méchanique & intellectuelle assujettis à une sorte d'anatomie, à une espece de chimie qui m'ont conduit à des solutions inconnues & à de précieuses découvertes.

Ce sont enfin des preuves qu'avec cent fois plus d'esprit, nous sommes en sage politique mille fois au-dessous des anciens, & que les anciens n'étoient pourtant encore qu'aux éléments de la science législative. Les effets de leur politique ressembloient beaucoup au bonheur de l'enfance. Avec des idées bien plus étendues, avec tant de matériaux de plus & une si grande complication de moyens, tâchons donc de parvenir à une somme de félicité publique, où la progression & la proportion se trouvent observées & renfermées, en raison directe de cette augmentation de moyens, de cette richesse d'idées & de cette multitude de matériaux. Il a peut-être fallu, pour devenir l'auteur & le possesseur de ces matériaux, un assemblage de données & de hasards uniques, un concours de choses que mille ans ne renouvellent pas, & que l'inconcevable histoire de ma vie pourra seule expliquer & éclaircir.

Quoi qu'il en soit, ils existent, & il importe de ne pas les laisser anéantir; & ce qu'il y a de très-frappant & de très-original, c'est que je crois pouvoir oser dire que leur conservation importe à tout le monde, excepté à moi; car, quant à moi, je n'ai pas besoin pour mon bonheur d'une seule des mille milliards de lignes que j'ai écrites; & de plus, il ne me reste plus aucun desir de prendre la moindre part personnelle à quoi que ce soit au monde.

Mais s'ils contiennent de grands résultats législatifs: il y va sans doute de l'intérêt de tous. Si, de grands résultats pour l'éducation nationale: encore de l'intérêt de tous. Si, de grands résultats métaphysiques & philosophiques : il y va de l'intérêt de tous ceux qui aiment la raison humaine & qui en apprécient la juste puissance. Si, de grands résultats pour la moralité des arts : il y va de l'intérêt, tout au moins, de ceux qui desirent que les choses aimables soient accompagnées de tous les moyens de devenir utiles. Si, de grands résultats pour certaines parties des lettres & des talents : il y va de l'intérêt de ceux qui apprécient tout ce qui peut jetter quelques roses sur les terribles épines de la vie. Si, de grands résultats dans des genres de pure curiosité ou de singularité : il y va encore de l'intérêt des curieux. Si, de grands résultats pour des théories physiques, morales, politiques & métaphysiques : il y va de l'intérêt direct des plus grands hommes du monde, des premiers génies de la terre, & de l'intérêt indirect, mais très-positif, des hommes qui doivent être un jour éclairés & guidés par ces génies, par ces grands hommes ; & enfin, s'ils ne contiennent que de tristes, de plates, de stériles, de misérables sottises : il est de l'intérêt des observateurs de s'assurer comment le foyer où se sont rassemblés des milliers de rayons produits par le concours de tant de causes heureuses & fécondes, n'a pourtant été que la matrice d'un sot.

Si, pour m'expliquer, pour être écouté, & pour qu'on se hâte enfin de faire usage de tant de choses utiles, une inconcevable & tyrannique destinée ne me forçoit pas à prendre cette voie, on doit bien comprendre, bien sentir que ce ne seroit pas celle que j'aurois préférée.

(***) Je dois prendre cette occasion de supplier beaucoup de gens de ma connoissance, & même beaucoup de mes amis, de ne point attribuer à aucun oubli, ou à aucune négligence de ma part, le temps considérable que j'ai passé sans les voir, ou les intervalles énormes que j'ai mis dans l'exercice de mes devoirs sociaux. Je suis incapable de cet oubli, de cette négligence envers ceux que j'aime, envers ceux que j'estime, & même envers toute personne de laquelle j'aurois reçu la moindre honnêteté. Hélas! si je leur faisois mon histoire, ils verroient que je n'ai vécu que des plus horribles privations; que je me suis arraché à toute jouissance. Depuis dix-huit ans, à quelques semaines ou quelques journées près, le plus terrible, le plus continuel, le plus accablant travail a été l'objet unique de toutes mes pensées & de toutes mes assiduités. Ce n'est qu'à la hâte, à la dérobée, & quelquefois de la maniere la plus cruelle, que j'ai satisfait mes besoins les plus indispensables; & cela, après avoir acquis, par mon éducation, par l'habitude, & par les circonstances qui ont environné mes premieres années, le goût & le droit d'être délicat en tout.

O mes amis! vous verseriez des larmes de sang, si je vous racontois comment j'ai passé quelquefois ces jours célebres, que les plus grands & les plus petits consacrent habituellement aux plaisirs & aux festins. Telles ont été mes peines journalieres, que je me fusse trouvé mille fois plus heureux à la Bastille, & toutes les récentes descriptions qu'on en a faites, ne m'ont pas corrigé de le penser; aussi c'est sans aucune hésitation, sans aucun regret, que je fais maintenant un abandon général & un sacrifice universel. Il n'existe plus aucun dédommagement pour moi sur la terre. La puissance de tous les Rois réunis ne pourroit me donner aucun équivalent du mal horrible que j'ai reçu de mes semblables & même de mes plus proches, pour ne m'être jamais occupé que de leur bonheur.

(****) Pour comprendre ceci dans toute son étendue, les lecteurs peu exercés auroient peut-être besoin d'avoir vu dans un de mes ouvrages précédents, (que je ne sais quelle tyrannie obscure a empêché de paroître dans leur temps,) un article qui traite DE LA PROPORTION A OBSERVER ENTRE LA LIBERTÉ POLITIQUE ET LES PROPRIÉTÉS CIVILES ; DE L'IGNORANCE DANGEREUSE ET GROSSIERE, QUI PEUT SEULE FAIRE PERDRE DE VUE L'INDISPENSABLE NÉCESSITÉ DE CETTE PROPORTION, ET DU DÉSORDRE FATAL QUI NAÎTROIT INÉVITABLEMENT D'UNE TROP GRANDE EXTENSION DE LIBERTÉ POLITIQUE DANS UN EMPIRE OU LES PROPRIÉTÉS CIVILES SEROIENT DANS UNE IMMENSE DISPROPORTION AVEC CETTE LIBERTÉ POLITIQUE.

(6) Je refusai cet honneur ; mon refus eut pour principal motif réel le desir de me livrer entiérement aux travaux auxquels je me suis consacré ; & pour second motif, le projet que j'avois de ne plus faire ma principale résidence à Paris : projet que j'exécutai peu de temps après, & qui a eu lieu plus de dix ans. Les mêmes raisons m'empêcherent de m'associer à aucun Club, à aucune Institution Philosophique ou Littéraire, ainsi que de rester au premier Lycée & à la Loge des Neuf-Sœurs, malgré les plus vives instances de M. Court de Gebelin, & de beaucoup d'autres.

(7) Dans tous les cas, ce transport, ainsi que celui des objets suivants, seroit indispensable, diverses circonstances, & par-dessus tout mon action présente me mettant hors d'état de conserver un logement propre à contenir des effets qui demandent beaucoup d'emplacement. Il le faut encore, parce que la conservation de beaucoup d'objets compris dans cette totalité est de premiere nécessité, & exige par conséquent un asyle sûr. Toute la France, l'Europe entiere peut-être, cette Europe vraiment éclairée, l'aréopage du globe, le banquet des mille sages, cette réunion de penseurs robustes & vertueux, pour qui la philosophie, la politique, la morale, la métaphysique

marchent de concert, tendent à un même but, se réunissent autour d'un même centre ; & ainsi réunies, ainsi dirigées, ainsi fortifiées l'une par l'autre, ne font encore que la matiere premiere des Législateurs & des Législations, cette assemblée de Sages vraiment animés de ce que la vérité enseigne, de ce que la raison découvre & de ce que la vertu prescrit pour le plus grand bien POSSIBLE de leurs semblables ; cette respectable Assemblée, dis-je, cette auguste partie du genre humain, cette véritable élite de l'Europe, auroit lieu quelque jour, telle chose qui puisse arriver, d'avoir trop de regrets, si ces objets se trouvoient tous anéantis, & un temps viendra, indubitablement où on les retrouvera avec grande satisfaction. Il m'en coûte peu aujourd'hui pour oser m'en exprimer de cette sorte. Je dis ce que doit & peut dire un homme que tout ce qu'il a éprouvé & tout ce qu'il voit parmi vous, a rendu également indifférent au blâme, à la louange, à la fortune, à l'adversité, à la peine, à la récompense, à la vie, à la mort, aux injures & à la gloire. Je ne réclame des protections & des secours, s'il existe encore des secours & des protections, que pour la plus essentielle partie de ma vie, qui consiste dans les résultats, dans les fruits du continuel usage que j'en ai fait ; & je ne réclame cette protection que parce qu'elle concerne le bien de tout ce qui respire, excepté le mien. Est-ce le plus juste droit, animé par le plus pressant intérêt pour la chose publique, ou, le comble de la folie & de l'orgueil qui m'inspire de semblables pensées, & le courage de les mettre au jour ? C'est ce qu'il est aisé de vérifier, non-seulement par la nature des choses que j'offre de mettre, sans aucun retard, entre les mains du Public, si on veut m'environner de tous les moyens d'accélération nécessaires pour y parvenir ; mais encore, si on le desire, par des conférences de six heures par jour, pendant six mois, avec les cinquante personnes de France les plus sages, les plus instruites, les plus habiles & les plus sincérement, les plus vertueusement dévouées au bien général.

Je n'ajouterai qu'un mot. Connoissant un peu la nature humaine, & dans ses affections passives comme dans ses affections actives, les utiles réticences de la modestie ne me sont pas étrangeres, & je n'ignore pas l'art de les employer utilement. Mais, prudente modestie, maladroite franchise ou impolitique orgueil, tout est égal; lorsque, comme moi, par un concours de pensées, d'actions, de sacrifices & de positives résolutions, on renonce à tout en tout genre, au moral comme au physique, dans le regne des illusions comme dans celui des réalités. Je dois pourtant avouer avec une complette sincérité, que jamais mortel ne porta plus loin que moi, peut-être, le desir de la gloire, & sur-tout l'amour de l'universelle estime de ses semblables; mais ne m'étant jamais venu dans l'esprit de parvenir à les mériter autrement que par des travaux, des lumieres, des talents & des vertus, j'ai eu lieu d'être plongé dix fois, mille fois dans les ondes ameres du plus complet dégoût & du plus déchirant désespoir. J'ai connu toute la turpitude, toute l'abomination de l'ancien régime. Je les ai senties, dévoilées, combattues plus hautement, plus directement, plus courageusement, plus constamment & depuis plus long-temps qu'aucun de mes Contemporains. Je connois aussi toute l'essence substantielle effective du nouvel ordre des choses. J'en apprécie l'état actuel & les résultats futurs; & une seule pensée me reste commé dernier produit de mille autres pensées; un seul sentiment m'inspire, une seule résolution m'anime, celle de n'attacher plus aucun prix, parmi nous, à tout ce que les hommes peuvent donner ou ôter. L'infortune, la calomnie la nullité civile

& politique, les petites-maisons, les chaînes, l'échafaud ou l'opprobre, loin de m'effrayer, loin de m'arracher une larme, me paroîtroient un bienfait, s'ils étoient accompagnés de la certitude parfaite & de la conviction profonde que la France est enfin heureuse, & qu'après tant de vices, tant de sottises, tant d'horreurs & tant d'infamies, c'est enfin réellement la raison, la vérité, la justice & la vertu qui regnent sur elles.

D'après ce que j'ai dit, pages 21 & 22, relativement à la Société Philantropique, & aux paquets cachetés, que, dès l'année 1786, j'ai déposés dans son sein, avec destination d'être ouverts à une grande époque, & lorsque j'enverrois un signal indiqué; je dois desirer & je desire encore que ce soit par elle ou par quelques-uns de ses Membres choisis par eux-mêmes & par moi, que soient recueillis pour la Nation & au nom de la Nation dont ils seront, à cet égard, les dépositaires immédiats, tous les objets dont j'ai proposé dépôt ou donation, & auxquels il convient de donner un asyle sûr & durable : durée, sûreté, inviolabilité à l'égard desquelles je prendrai, de concert avec les respectables Citoyens désignés pour cet objet, les mesures convenables.

(*N. B.*) Comme ce ne sera qu'en cet instant que la France commencera à connoître un peu un Citoyen qui devroit, depuis si long-temps, jouir, j'ose le dire, de sa plus complette estime; je prie MM. les Journalistes, ainsi que toutes les personnes qui auront occasion de faire quelque mention de moi, de ne pas dénaturer mon nom, en croyant se conformer au Décret de l'Assemblée Nationale. Telles suppressions & telles réductions que l'on fasse, il est impossible de m'appeller autrement que *Joseph de Rossi* ; c'est littéralement mon nom réduit à sa moindre existence possible. Ce n'est point un nom de terre, c'est mon nom de famille ; c'est le nom primitif & originaire d'une ancienne & puissante maison qui a possédé & qui possede encore une multitude de seigneuries & de fiefs, avec les noms qui leur ont été affectés. Qu'on dépouille tant qu'on voudra dans l'Europe entiere, ces possesseurs féodaux, si on croit ajouter par-là au bonheur & à la félicité publique. Mais quant à moi, à qui l'on ne peut plus rien ôter en ce genre, & qui donne encore tout ce qui me reste, qu'on me laisse au moins mon nom sans le dénaturer, sans le mutiler, tel qu'il est dans les baptisteres de mon pere, de mon grand-pere, &c., ainsi que dans le mien.

De plus, on voit & on conçoit que je suis d'origine étrangere, & que mon patriotisme, avec toutes ses dérivations, est nécessairement plus volontaire, plus sentimental, plus spontané, plus libre, plus indépendant d'aucune cause seconde ; mais aussi, dans tous les cas, il ne peut pas m'assujettir ni à l'esprit, ni à la lettre du Décret en question.

Postscriptum.

On peut juger facilement, en cet instant, qu'il étoit de toute nécessité & pour la chose publique & pour moi, que cet écrit fût lu, & fût lu avec attention. La premiere feuille en étoit déjà imprimée avec le simple titre de : *Mes trois Offrandes Patriotiques* (*a*), lorsqu'après un mûr examen, j'ai considéré que la simplicité & le genre de ce titre pourroient bien n'attirer aucun lecteur (*b*). Alors me rappellant que parmi mes innombrables matériaux il en étoit quelques-uns que j'avois destinés à donner par plusieurs parties, qui porteroient & avoient le droit de porter le titre de : *Porte-Feuille inconcevable ;* & que je serois dans le cas de faire paroître une masse principale de ces matériaux, sous le titre général de : *Matériaux pour une future législation*, ou, *pour notre sagesse & notre prospérité futures ;* j'ai pensé qu'il devenoit nécessaire de me servir de quelques-uns de ces titres, même en cet instant, pour l'objet actuel ; & je l'ai fait.

(*a*) Ce dont on peut s'assurer, & par l'épreuve que j'en conserve, & chez M. Jorry, Imprimeur, rue de la Huchette.

(*b*) En effet, nos lecteurs actuels sont aujourd'hui dans la même situation que ces Orientaux, ce Mithridate, ces Sauvages, auxquels les liqueurs les plus fortes, l'opium & le poison, ne faisoient plus aucun effet.

OUVRAGES

OUVRAGES

DÉJA PUBLIÉS PAR LE MÊME AUTEUR ; ET DEUX MOTS SUR LE SORT ÉTRANGE QU'ILS ONT EU.

CONSIDÉRATIONS *sur les Principes politiques de mon siecle, & sur la nécessité pressante d'une morale politique*; in-8°. Londres, 1775; imprimé par A. Grant, Bridges Street.

Sur la fausseté, le vice, & le danger des Principes politiques de mon siecle en général; & de la Constitution Françoise en particulier; &c. édition entiere supprimée & disparue à mon insçu & à celui du Public, à l'exception de quatre-vingt exemplaires qui m'ont été apportés par mes amis, & dans les poches du Courier.

Peu lu, peu compris, souverainement oublié ou très-mystérieusement retenu, dédaigneusement renfermé ou mis à l'écart; personne n'en a dit un seul mot au public. Cependant quelques-uns des hommes les plus sages & les plus éclairés de l'Europe, m'en ont fait les plus flatteurs éloges; & ont dit entr'autres choses, *qu'en 1775, mon ouvrage étoit si vieux & la France si jeune, que je ne parviendrois jamais à leur faire faire société ensemble.* Cependant il contenoit avec modération, avec équité, avec sagesse, & sur-tout avec un grand respect pour les bases de toute législation, pour l'ordre nécessaire & pour la morale indispensable, les principes fondamentaux d'une sage Constitution & d'une louable révolution.

Essai sur l'état actuel de l'Esprit humain, & sur les vices politiques des Corps Civils, Politiques & Littéraires, &c. in-8°. Geneve, 1780.

A l'exception d'environ deux cents exemplaires que j'ai donnés, j'ignore ce qu'est devenu le reste de l'édition tirée à mille. Sur les deux cents donnés, je compte ceux envoyés à tous les Journalistes. Il fut absolument impossible, & à moi, & à mes amis, & à plusieurs abonnés distingués qui s'en mêlerent, même après avoir rempli les formalités nécessaires, de parvenir à obtenir d'aucun Directeur de Journal d'en parler, fût-ce même d'en dire du mal sans aucun ménagement, s'il y avoit lieu le moins du monde.

Lettre sur l'Emile de Rousseau, & sur le vrai principe général d'Education sociale, Ecrit qui occasionna instantanément une petite correspondance accessoire assez singuliere, mais que personne ne chercha à faire connoître.

Leçon aux Rois, ou Notice intéressante sur l'Empereur Joseph II, in-8°. Amsterdam, 1777.

Ouvrage d'une assez médiocre conséquence à mes yeux, au sujet duquel il fallut pourtant faire plus de négociations que pour le salut d'un Empire; négociations pendant lesquelles l'ouvrage fut entiérement imprimé, préparé, broché, & dont le dernier résultat fut enfin l'entier anéantissement de l'édition, dont il ne reste qu'un seul exemplaire que je possede. C'est cet unique exemplaire, qui, ensuite, pendant le dernier voyage de l'Empereur à Paris, fut offert par un sacrifice vraiment pénible pour moi, & comme un hommage auquel ce sacrifice pouvoit donner quelque prix; fut offert, dis-je, à la Reine, & refusé par elle, sans qu'elle sçut de quoi il étoit question, & sans que j'aie jamais fait la moindre démarche, depuis, pour qu'elle fût instruite ou de la nature de l'écrit, ou de l'hommage ou du sacrifice, ainsi que de la précédente destinée bisarre de cet ouvrage.

Discours sur l'utile respect dû à l'autorité, & sur la juste défiance qu'il faut avoir de soi-même en jugeant les hommes supérieurs, 1779. Ecrit, que par dégoût & par ennui, j'ai négligé de mettre au jour d'aucune maniere particuliere, & que j'ai laissé insérer seulement dans un volume de la Bibliotheque du Nord, Ouvrage périodique qui a été abandonné.

Preuve sans replique des progrès incontestables que les François ont faits en musique, très-petite brochure *in*-8°. 1777.

Morceau sur divers objets essentiels, envoyé au Journal de Politique & de Littérature en 1776 ou 1777.

Le numéro dans lequel il étoit inséré, étoit déjà imprimé & presque prêt à paroître, lorsqu'il arriva un ordre précipité de supprimer mon morceau. Il fallut faire un travail très-pénible pour supprimer & remplacer ce morceau dans le Journal; le service public manqua; on n'eut point le numéro le jour où l'on devoit l'avoir; un Commissaire & un Inspecteur de Police vinrent chez moi avec un ordre du Roi; mais tout cela, d'une part, avec tant d'égards & de politesse; & de l'autre, avec des circonstances si extraordinaires, que ces détails doivent être remis à une autre occasion.

Plan général pour une refonte universelle des connoissances humaines, & pour leur application positive & leur direction immédiate à la véritable sagesse des Nations & au vrai bonheur possible des Hommes & des Empires. 1778. M. S. in-4°. &c.

Ce travail alors vu avec beaucoup de plaisir par plusieurs personnes, entr'autres par M. de Servan & par M. de Provencheres, un des hommes les plus estimables & les plus rares (sans aucune célébrité) que la France renferme; vu, censuré & approuvé par M. Cadet de Senneville, prêt à être mis au jour, disparut, fut égaré, courut, & ne me revint que long-temps après. Déjà mon esprit s'étoit porté sur d'autres objets, un autre travail m'occupoit. Une maladie, un grand transport de domicile succéderent; les collaborateurs que j'avois choisis étoient dispersés; l'inquiétude de l'usage qu'on pouvoit avoir fait de mon manuscrit, mes avances, mes soins, mon temps, mes peines, mes travaux, mes sacrifices, mes veilles, mes espérances toujours perdues; que de raisons de n'éprouver que le plus accablant dégoût! je le croyois à son comble, & je me trompois bien.

Motifs essentiels de détermination pour les Classes Privilégiées, ou échantillons de Politique indispensable, in-8°. Paris, Avril, 1789.

Je consacrai le profit de cet ouvrage aux malheureux, dans un temps où il y en avoit prodigieusement, & où l'insensibilité réfléchie n'avoit pas encore eu les raisons de faire les immenses progrès qu'elle a faits depuis. Il fut annoncé de beaucoup de manieres, & affiché comme destiné à cette bonne œuvre. Cette annonce étoit accompagnée des précautions les plus claires, & des preuves les plus évidentes, que rien ne pouvoit détourner l'effet complet de cette intention. Les Libraires cependant ne perdoient en rien le juste droit qui leur revenoit; tout étoit préparé avec quelque bienfaisante sagesse. Eh bien! les Officiers publics dépositaires, n'en ont eu aucun débit; les Libraires n'en ont point voulu; les malheureux n'y ont pas gagné six louis. Aucun Journaliste n'en a dit un traître mot, quoique j'eusse envoyé aux principaux & lettre & priere, & annonce & exemplaire. Un seul homme de Lettres de la premiere distinction en a parlé un instant, & l'a loué en poste pour compléter un remplissage dans le Journal célebre auquel il doit quelque tribut; le tout sans savoir & sans que je me sois en aucune sorte occupé de lui apprendre que j'en suis l'auteur.

Les Voleurs, les Mendiants, les Salariés, in-8°. Paris, 1789. Petite brochure assez piquante, à laquelle j'espérois que quelqu'un me répondroit, & alors la Replique m'auroit fourni des choses d'une utilité très-essentielle. Mais personne n'a soufflé, & je ne serois pas étonné qu'on ne l'eût pas même lue, quoique le mot *Voleurs* soit bien dans le noble genre qui possede aujourd'hui la gloire exclusive d'arrêter tous les lecteurs & d'obtenir tous les suffrages.

Principes & matériaux pour une sage Législation; ouvrage considérable, annoncé au commencement de 1789, comme tout prêt, & disposé à paroître dès que le suivant, plus pressant encore à cette même époque, Avril 1789, auroit vu le jour.

Le Représentant de l'Ordre universel, ou ma Constitution provisoire; ouvrage fait au commencement de 1789, dont un quart a été imprimé avec d'inconcevables retards & d'incroyables lenteurs, ensuite suspendu, & le tout resté là, par un effet sans doute de mon inexplicable étoile, ou par une fatale destinée bien plus générale & bien plus souveraine, puisque cet ouvrage contenoit de faciles moyens de faire le bien de tout le monde sans faire le mal de personne; résultat (bien plus simple, bien moins étonnant, bien moins méritoire qu'on ne étoit) des réflexions perpétuelles d'une tête exercée pendant vingt ans de méditation sur le même sujet, effet, bien plus naturel *qu'on ne pense*, du principe, peu connu, mais bien vrai, qu'il est bien plus aisé de faire le bien politique que de guérir le mal moral; cet effet, ce résultat, étoient d'ailleurs conformes aux principes que j'avois établis dans le corps de l'ouvrage, particuliérement dans les chapitres intitulés : *des réformes & suppressions précipitées ; de la justice relative & de la justice réelle*, &c. & que quinze ans plutôt j'avois déjà exprimés dans cette phrase de mes Considérations sur les principes politiques de mon siecle, dont la révolution actuelle fera quelque jour la fortune & la gloire; page 58 . . . . . TOUTE LÉGISLATION SAGE DOIT CHERCHER LA MOYENNE PROPORTIONNELLE ENTRE LE BIEN DE LA GÉNÉRATION SUIVANTE, ET LE MAL DE LA GÉNÉRATION ACTUELLE. (*a*) C'est l'insupportable orgueil, c'est l'inexplicable nullité d'un des plus grands personnages de France, qui ont horriblement contribué à l'anéantissement de tant de choses que je trouvois alors, seulement utiles, & que je trouve aujourd'hui inappréciables. C'est encore l'inextinguible vanité, & l'extravagante bouffissure d'un homme que vous aviez déifié, & à l'autel duquel je me suis immolé, parce que cet autel étoit alors identifié par l'erreur & la prévention publique, avec l'autel de la Patrie (*b*).

(*a*) Cette phrase étoit déjà en lettres capitales dans mon ouvrage de 1775, tant je prévoyois la nécessité de faire attention au principe qu'elle présente !

(*b*) Vous verrez incessamment les preuves de ces assertions.

Adresse aux Assemblées Electorales de France, sur les dispositions politiques & morales qu'il faut nous presser d'avoir, in-8°. Juin, 1790.

Ecrit d'une utilité majeure, sur-tout pour les circonstances présentes, & qui a tout le piquant qu'un ouvrage sérieusement utile peut avoir; écrit que j'ai donné, envoyé, présenté, indiqué ou voulu faire indiquer partout où besoin est. Un des plus fameux Libraires de France voulant me faire connoître le peu d'espoir qu'il concevoit du succès & du débit de cet ouvrage, m'a dit ce mot vraiment mémorable, & qu'il ne faut point laisser ignorer à la postérité: « EH, MONSIEUR! PAS MÊME LA DÉNON-» CIATION CONTRE M. DE SAINT-PRIEST NE PEUT SE » VENDRE ACTUELLEMENT ». Mot unique, par l'ingénuité de celui qui le dit, & par les terribles & accablantes réflexions qu'il peut fournir au penseur profond. Mot qui eût suffi à Montaigne, à Jean-Jacques, à Fénelon, à Bacon, à Montesquieu, pour connoître la totalité de la situation morale & politique de la Nation à laquelle il auroit appartenu. Mot qui annonce bien clairement à tout observateur pénétrant, à tout moraliste un peu géomètre, une incurable maladie, inaccessible à tous les remèdes. Mot d'ailleurs parfaitement conforme à ce que j'ai écrit moi-même il y a un an, pag. 21, du onzieme ouvrage mentionné dans la note actuelle.

RÉFLEXION *essentielle & nécessaire sur la totalité de l'Ecrit précédent.*

Assujetti à la nécessité, autrefois si douce, si aimable (a), aujourd'hui si triste de parler de soi, il a bien fallu s'y soumettre; mais j'en apprécie les inconvénients & les dangers plus rigoureusement peut-être que personne.

Depuis que chacun veut être tout, il ne permet à personne d'être quelque chose. Depuis que toutes les prétentions ensemble se trouvent accumulées sur un seul individu, il n'est pas permis à un individu d'avoir même une seule prétention. Depuis que chaque personnage veut occuper de lui tout l'univers, il est enjoint à toute personne de ne jamais s'occuper d'elle. C'est ainsi que, par une marche assez juste, une monstruosité engendre une autre monstruosité. L'égoïsme de tous s'oppose à l'égoïsme de chacun; & par une contradiction & une absurdité, vraiment incroyables, le système de l'intérêt personnel adopté généralement par le siecle actuel, comme théorie positive & comme pratique indispensable, est en même

(a) Voyez Montaigne, voyez Cicéron, voyez Plutarque, voyez Caton, voyez Homere, voyez toute l'Iliade, voyez mille parties de l'Histoire ancienne; c'est l'épouvantable orgueil des sots & des vicieux modernes qui a ordonné l'abnégation au talent & à la vertu. C'est le monstrueux égoïsme de ce siecle sur-tout, qui a établi sur le génie & sur le mérite l'impôt du silence & de la modestie.

J'ai traité cet objet avec beaucoup de développements essentiels, dans mes Considérations sur les Principes politiques de mon siecle, pag. 179 & suiv., & 238 & suiv.

temps défendu à chaque particulier comme crime irrémissible. Il me semble voir un peuple entier faire construire, à grands frais, une grande & superbe route, & puis chacun y vouloir passer tout seul, & prononcer des peines capitales contre quiconque osera s'y présenter. De même ici chacun protege le systême de l'intérêt personnel, comme excellent, comme incontestable, comme universel; mais sous condition tacite qu'il sera universellement négligé par tous, excepté par lui. C'est une regle qu'on appelle générale, mais dont on ne souffre point que personne cherche à recueillir le bénéfice. C'est un principe qu'on affirme être indestructible dans tous les cœurs; mais on n'en pardonne aucune explosion, aucun mouvement dans tout autre cœur que dans le sien propre. C'est, dit-on, le levier moral du monde; mais on veut mouvoir ce levier tout seul, afin que le monde entier ne remue que pour soi. Or, comme de tous les égoïsmes, celui de parler de soi, est le plus facile, c'est aussi celui qu'on pardonne le moins. Et depuis que la rage d'écrire s'est emparée des plus pervers, des plus inutiles, comme des plus bornés, & que la rapide & indulgente Imprimerie a donné une extension immense & accablante à la facilité de parler de soi à cent mille personnes à la fois, ce qu'on admiroit jadis dans Montaigne, est abhorré aujourd'hui, & on ne permet plus à qui que ce soit de l'imiter, tels élevés, tels importants que puissent être ses motifs.

J'aurois donc été bien mal-adroit de m'expliquer comme je l'ai fait en beaucoup de pages de cet Ecrit, & de me livrer avec tant de simplesse aux détracteurs actuels, si je conservois quelque prétention, quelque desir, quelque espérance. Mais complettement indifférent à cet égard, & uniquement pénetré des pensées que j'ai si positivement exprimées, page 60 de cet Ouvrage, il me restoit uniquement à considérer combien il importoit à mes contemporains, & aux vrais intérêts présents & à venir de l'espece humaine, que je parvinsse à hâter, à précipiter la difficile publication de mes matériaux. Il falloit donc que j'entrasse dans les détails les plus propres à me conduire à ce but. Aucun respect humain, aucune crainte n'a dû m'arrêter; & pour consommer ma complette impersonnalité de choses, il a fallu me livrer à quelque personnalité de mots, & m'exposer avec courage au terrible ridicule aujourd'hui attaché à ce grand crime.

Mais après tant d'obstacles apportés à mes plus généreux desseins, à mes plus pénibles sacrifices; desseins, sacrifices inspirés par le plus complet oubli de tous mes intérêts; après tant de traverses, après tant de malheurs, aurai-je encore celui de trouver des lecteurs assez injustes pour se plaindre, pour me blâmer d'une personnalité de cette espece? Seront-ils assez peu éclairés, assez peu réfléchis pour ne pas considérer que dans son testament, un homme ne peut & ne doit parler que de lui? Et s'il en est ainsi dans un simple testament ordinaire, combien cela ne doit-il pas être davantage dans un testament tout à la fois civil, moral, politique, littéraire & législatif? dans un testament après lequel, volontairement dépouillé de tout, on veut se survivre à soi-même, & rester encore tout entier pour autrui, en demeurant anéanti pour soi? dans un testament où l'on ne parle de soi-même, cette fois, que pour parvenir à n'en parler plus jamais (*a*)? dans un testament où l'homme personnel s'immole sans réserve,

(*a*) Je développerai vraisemblablement mon idée à cet égard dans le Mémoire suivi, détaillé & circonstancié que je serai obligé, selon toute apparence, de donner dans quelque temps à la Nation, au Roi & à l'Assemblée Nationale.

pour ne laisser subsister que l'esclave dévoué à la chose publique? dans un testament enfin où il falloit énoncer ces extraordinaires résolutions, préparatoires à de plus extraordinaires encore? en indiquer les motifs; en expliquer l'objet; en faire connoître les raisons; en peser l'utilité ou la nécessité; analyser le sentiment qui l'inspire, la volonté qui le dicte, & la loi impérieuse de s'y soumettre sans regret & sans délai, quand on a porté toute sa vie un cœur vraiment dévoué à l'ordre universel, à l'intérêt général, & qu'on sait apprécier en tout notre situation présente?

FIN.

De l'Imprimerie de L. JORRY, Libraire-Imprimeur de Monseigneur LE DAUPHIN & des ENFANTS DE FRANCE, rue de la Huchette, 1790.

www.ingramcontent.com/pod-product-compliance
Lightning Source LLC
LaVergne TN
LVHW020448230826
846091LV00004B/1603

* 9 7 8 2 0 1 6 1 6 5 8 0 5 *